DAXUESHENG
CHUANGYE TUANDUI
ANLI FENXI

大学生创业团队案例分析

金武州 著

海洋出版社

2023年·北京

图书在版编目(CIP)数据

大学生创业团队案例分析/金武州著.—北京：
海洋出版社，2023.1
ISBN 978-7-5210-1061-9

Ⅰ.①大… Ⅱ.①金… Ⅲ.①大学生－创业－案例－
研究 Ⅳ.①G647.38

中国版本图书馆 CIP 数据核字（2023）第 016542 号

总 策 划：刘 斌		发 行 部：(010) 62100090（010）62100072（邮购部）
责任编辑：刘 斌		（010）62100034（总编室）
责任印制：安 淼		网　　址：www.oceanpress.com.cn
排　　版：海洋计算机图书输出中心　晓阳承		印：鸿博昊天科技有限公司
出版发行：海洋出版社		版　　次：2023 年 3 月第 1 版
地　　址：北京市海淀区大慧寺路 8 号		2023 年 3 月第 1 次印刷
(716 房间)		开　　本：787mm×1092mm　1/16
100081		印　　张：10
经　　销：新华书店		字　　数：208 千字
技术支持：(010) 62100055		定　　价：88.00 元

本书如有印、装质量问题可与发行部调换

序　言

"大众创业、万众创新"首次出现在2014年9月夏季达沃斯论坛上李克强总理的讲话中,李克强总理提出要在960万平方千米土地上掀起"大众创业""草根创业"的新浪潮,形成"万众创新""人人创新"的新态势。由此,"大众创业、万众创新"的理念日渐深入人心。随着全国上下认真贯彻落实,业界、学界纷纷响应,各种新产业、新模式、新业态不断涌现,有效地激发了社会活力,释放了巨大的创造力,已日益成为经济发展的一大亮点。2020年10月15日,李克强总理在出席2020年全国大众创业万众创新活动周启动仪式时又指出,创业创新是国家赢得未来的基础和关键,双创由"众"而积厚成势,因"创"而破茧成蝶。要尽心支持每一次创业,悉心呵护每一个创新,使更多创意在碰撞中结出成果,让更多创客靠奋斗人生出彩,激励越来越多的人勇于创业、善于创新。在党的十九届五中全会中再次确立了创新在我国现代化建设全局中的核心地位,我们看到从党的十八大提出创新驱动发展战略,到党的十九大提出创新是引领发展的第一动力,再到十九届五中全会提出加快建设科技强国,党中央对于科技创新的谋划部署既一脉相承,又与时俱进。

国家把推进"大众创业、万众创新"作为整体经济发展的动力之源以及富民之道、公平之计、强国之策,不断推动经济结构调整、打造发展新引擎、增强发展新动力和走创新驱动发展道路。各省市积极响应国家政策,纷纷出台配套措施,营造创新创业良好环境和新态势,全力打造创新创业新高地。高校作为最具活力、最具青春、最具创新力的大学生群体集聚地,切实推进双创政策落实落地,有效发挥人才培养高地和引智聚智高地的作用,引领全社会"大众创业、万众创新",在创新创业领域中发挥了主力军作用。

那么,高校如何落实国家创新创业政策?开展创新创业教育就是最佳的途径之一。究竟如何开展创新创业教育？简单来说，高校创新创业教育应该按"双融合"（与专业教育融合、与思想政治教育融合）来谋划，按"双参与"（全体学生广泛参与、全体教师共同参与）来组织，按"双协同"（校内系统协同、校外系统协同）来推进，这样才能更好地推进教育教学改革和人才培育模式改革。

创新创业教育是一种面向所有学生和未来的教育思想，其根本出发点是培养学生的事业心、创造力与创业精神，目的是改革高等教育传统的人才培养方式，改变当前人才培养体系中与经济社会发展不相适应的教学内容、方式方法，从根本上回归高等教育发展的本意，满足社会的现实需求。因此，可以说创新创业教育是推进高校教育教学综合改革和人才培养模式改革的有效突破口。在高校开展创新创业教育，本质上是培养学生的创业意识、创新精神和创新创业能力，培养更多的"潜在"创业者。

所以说，只有受过创新创业教育的大学生，在一定程度上才能在实践的过程中少走"弯路"，提高创业的成功率。虽然在大学校园内有创业"潜力"的大学生属于"小众群体"，因为他们会受到学业、资金、资源和环境等多方面的制约，但作为创新创业教育工作者，一方面要保护创业者的创业热情，帮助他们少踩坑；另一方面又要培养绝大部分学生的创新精神、创业意识和创新创业能力，这才是创新创业教育工作者的责任与使命。创新是创业的基础，创新的成效只有通过未来的创业实践来检验。创业是创新的载体和表现形式，创业的成败根本上依仗创新教育的根基。在各行各业中只有创新才能推进高质量发展，创新犹如"破旧立新"，从不同视角、不同维度去分析解决问题，不是用常人的思维去看待问题，而是正确认识自我并合理利用自己的长处。创业时想要"游刃有余"，在刀尖上熟练跳舞，既需要有创新精神，也要有实际的工作经验，这样才能毫不费事地解决各类问题。创业犹如"螺蛳壳里做道场"，即在狭窄简陋处要做成复杂的场面和事情，没有创新的能力是办不到的。所以，做任何事情，都需要有创新思维、创新方法和创新创业能力，这样才能应付自如，创业有道。

但无论如何，经过几年的实践与探索，特别是在广大有志有为的导师的热心辅助下，学校也涌现了一批创业实践者，其中不乏成功的案例。总结一下，呈现几个特点：师生共创的项目少，参赛型企业多，业务相对单一，存活时间短。但经过调研发现，这些创业者都非常有激情、有思想、有作为、有自信，是学校里一道亮丽的"风景线"。

本书将浙江海洋大学部分学生的成功创业故事汇总成册，总结得失、检验分析，既是一次重拾"创业"的过程，也能为后续的有志创业者提供借鉴与参考。在整理的过程中，虽然有些案例无法反映创业者在创业实践活动中的点点滴滴，有些案例中一些事迹作为商业机密也不能全部透露，但笔者认为，创业者的历练就是一种精神，能被后来的创业者们学习和借鉴。因为我们始终认为，学生只要参与或经历过创业活动就与众不同，是一次本质的提升，也是人生的一笔宝贵财富。同时，也希望有更多的教师能够指导学生创新创业，推动科研成果落地转化，真正实现双赢。

目　　录

创业故事 1　　潜心开发宝宝健康食品　　/ 1

创业故事 2　　"泥鳅四兄弟"　　/ 10

创业故事 3　　创艺车间的"一间房"改造计划　　/ 16

创业故事 4　　"石蛙大学生"新玩法——谱"黑黄金"致富曲　　/ 23

创业故事 5　　始终怀揣热心的创业人　　/ 28

创业故事 6　　在求变中"二次创业"　　/ 32

创业故事 7　　龙舟上岸——从运动员到培训师　　/ 38

创业故事 8　　学生心目中的"创业标兵"　　/ 43

创业故事 9　　从事网络安全检查的"小杜"　　/ 48

创业故事 10　　无蟹可击——行进在养蟹的道路上　　/ 52

创业故事 11　　争做中小学教育培训的引领者　　/ 56

创业故事 12　　致力于帮助渔民解决海鲜的冷冻难题　　/ 61

创业故事 13　　实现养殖废水零排放的清川科技团队　　/ 66

创业故事 14　　深蓝创新创业团队学霸成创业黑马　　/ 70

创业故事 15　　小伙的无人机"飞翔"路　　/ 73

创业故事 16　　做创客的财务"e"管家　　/ 76

创业故事 17　短视频领域的领跑者　/ 80

创业故事 18　做水下遨游的梦想者　/ 85

创业故事 19　一位从事跨境电商的"小女生"　/ 90

创业故事 20　在影视拍摄中找到自我　/ 93

创业故事 21　致力于渔民画创作　/ 99

创业故事 22　丰富群众精神生活 足不出户一览众山　/ 103

创业故事 23　"奇花助农"扭转兰花新概念　/ 110

创业故事 24　一名退役大学生戍边战士的"新零售"之路　/ 114

创业故事 25　攀岩人，永不止步　/ 119

创业故事 26　着力打造专业化船模工作室　/ 124

创业故事 27　关注成长，从"心"出发　/ 131

创业故事 28　在创业奋斗中实现自我价值　/ 136

创业故事 29　识一片海，想我所想，创我所创　/ 140

创业故事 30　从"辛德瑞拉"到"小春日和"　/ 146

创业故事 1

潜心开发宝宝健康食品

有一年，郭保平回家过春节，他姐姐向他抱怨，说想给孩子吃点虾皮补钙，可买回来的虾皮，要么直接能闻出硫磺味，要么太咸，孩子根本吃不了。想给孩子用最天然的办法补钙实在是太难了。

作为农业推广专业研究生毕业的郭保平，连小外甥想吃点健康虾皮都满足不了，那怎么行？于是他回到母校所在的城市——舟山，开始了他的寻味之旅。

在舟山，他找到一种淡干虾皮，当地渔民把东海海域干净的小虾打捞上来，转移到船上迅速加工，不添加任何盐分、防腐剂，制作成适合孩子吃的淡干虾皮。

当地渔民说，他们就给自己的孩子吃这种虾皮，那些市场上卖的虾皮，自己的孩子碰都不碰，因为有防腐剂，而且太咸。郭保平把这种淡干虾皮带给他姐姐，挑剔的姐姐非常满意，郭保平可爱的小外甥终于吃到了品质在全中国数一数二的淡干虾皮。在那一刻，他决定辞职，放弃高薪，开始创业之路。

在创业的道路上，郭保平一直很困惑：为什么中国这么大，东西这么多，中国的孩子却总要吃高价买进来的外国进口食品？难道他就不能找到让妈妈购买无负担，孩子吃着无负担的好食品吗？一想到要做这样的一件事，他觉得整个人的热情都被点燃了。老板说再加年薪，他也谢绝了老板的好意。他已经找到了自己的路：要做最适合中国孩子吃的食品。

后来，他的第一款产品淡干虾皮刚上线，很多妈妈就成箱地买，郭保平的理解果然没错，苦于无法给孩子找到好食品的妈妈大有人在。甚至有一位妈妈在收到虾皮以后，特地循着公司地址找到了他，对他表示万分感谢。她说她一直想给孩子找自己小时候吃的那种天然虾皮，买了很多种，都不是那个味道，自从吃到了"宝宝馋了"淡干虾皮，终于找到了那种天然的感觉。为此，她还特意从老家给郭保平带了好几箱特产，对他表示感谢。分别的时候，她说的一句话对郭保平触动很大，她说："真的很怕你坚持不下去，如今想做点良心生意，太难了。"这么多年，这句话一直鞭策着郭保平。

郭保平「宝宝馋了」
17年第一份工作是蓝领😷😷😷，And馋文化要出新品啦👶👶👶

舟山

2017年1月3日 12:16   删除

后来，他北到通辽、南到广西、东到舟山、西到新疆，跑遍大江南北，从不同产地一点点地选品、研究和筛选。每当他累到不行的时候，每当再压缩利润也无法和低成本食品比价的时候，他就会刷一下朋友圈，看到还有这么多热切的眼睛，盼着帮孩子们找到最健康的食材。这些肯定、期盼的眼神，一直激励着郭保平不忘初心。直到现在，郭保平创立的馋文化公司团队在微店已经上架了数十款产品，每款都深受家长和孩子们的喜爱。在 100 多位颇有影响力的母婴大 V 的推荐下，40 多万坚持科学养育的家长开始认可并使用他们创业团队的产品。

他们创业团队的产品主要是针对孩子开发的，低糖低盐，用料讲究，健康营养，所以除了孩子外，很多家长自己也很喜欢吃。

2017 年，根据孩子的需求，他们创业团队推出了一系列健康小零食，用健康的食品，做健康的零食。其初衷也源自郭保平春节回家遇到的事情。那年春节回家，他的两个外甥在闹脾气，原因是想吃海苔，但他姐姐不让。市面上的海苔吃多了上火，两个外甥一个口腔溃疡，一个喉咙发炎。高油高盐的海苔非常不健康。郭保平当场拍着胸脯说："舅舅给你们找既好吃又健康的海苔。"为了给他们选一款合适的海苔，他几乎吃遍了国内以及来自韩国、日本、越南等多个国家的儿童海苔。郭保平最大的感受就是这些海苔有甜味、咸味，就是没有海苔味。谷氨酸钠、5′-呈味核苷酸二钠、氧化羟丙基淀粉……这些郭保平创业团队生活中压根用不上的食品添加剂，此时都出现在给孩子吃的零食里。更过分的是，还有厂家玩文字游戏，实际钠含量 2000 mg/100 g，偏写成 40mg /2 g，后来他决定自己做一款健康的儿童海苔。经过 3 个月的时间，他在咨询了多位食品加工学、食品营养学方面的专家后，终于确定了方案。后面又跑了 6 家工厂，经过 30 余次打样，最终说服了一家工厂，为他们创业团队新开一条生产线，按照他们创业团队的标准来生产海苔。

那么，这款海苔有什么不同？

（1）纯粹的配料表。这款海苔的配料表非常纯粹，只有海苔、芝麻、白砂糖。仅仅是这个行业内罕见的配料表，就足以证明海苔的健康。而且其钠含量仅为 571 mg/100 g，远远低于很多所谓的儿童海苔的含量。不仅钠要控制，糖也不能多吃。可能你会奇怪，为什么芝麻海苔里必须有糖？因为糖是天然的黏合剂，是夹心的关键。他们调试了 30 多个版本，最终确定了这个夹心效果的最低糖配置。根据第三方检测，含糖量仅为 1%。

（2）A 级原料。海苔的原料是紫菜，第一茬收割的叫头水紫菜，营养、口感最好，也最难得。A 级条斑紫菜是在头水紫菜的基础上去掉有瑕疵的部分。为了保证海苔的品质稳定，他们创业团队包下了一片海域，专门种植紫菜。他们为海苔定制了一条长达 30 多米的流水线。整个过程无油炸、无添加剂，经过筛选、加料、低温烘烤、压制定型、筛选、切割、封装 7 道工序，最大限度保存海苔和芝麻的原汁原味。

（3）为小孩定制。他们创业团队将海苔切割成 4 cm 长的小方块，1 岁多的小孩两三口可以吃完，3 岁以上的小孩子一口一块，方便食用。郭保平的姐姐说，现在给孩子们吃夹心海苔必须控制节奏，不然根本停不下来。不仅是小孩，家长也可以吃。全家一起看电视时，拆包海苔，一口一片，无油不粘手，好吃又健康。

2018 年，他们创业团队新研发的宝宝健康零食，除了海苔外，还有助消化、酸甜可口的山楂，富含蛋白质、营养丰富的牛肉丝，补血香甜的红枣等，都是无食品添加剂，少盐、少糖甚至无盐、无糖的健康零食。

2018 年，他们创业团队还开发了"淡干虾皮"：不加盐，天然补钙，百搭提鲜。虾皮有"钙库"之称，根据第三方检测数据，他们创业团队开发的"淡干虾皮"每 100 g 中就含有 846 mg 的钙，远高于鱼类、牛肉、骨头汤、木耳和牛奶等食物，25 g 虾皮相当于 250 ml 牛奶的含钙量，是小孩、孕妇、老人补钙的优质食材。而且市面上的虾皮大多是加盐的，不适合小孩食用。他们创业团队开发的这款虾皮含在嘴里是没有咸味的。

虾皮属于小水产类海鲜产品，不具备养殖条件，无法人工养殖，都是原生态自然海域捕捞。他们的虾皮从捕捞船上捕捞起来后快速转移到加工船，洗干净后直接脱水烘干，不添加任何的添加剂，无盐分，鲜味浓，在确保口感的同时，能保证健康。虽然这种加工方式会大大增加成本，但是可以避免毛虾在运输过程中变质，而且可以杜绝把虾皮转移到加工厂加工的时候形成各种的污染。虾皮从捕捞到加工成成品最快仅需30分钟，能最大限度地确保原生态虾皮的新鲜度。

他们创业团队的产品和普通海产干货有何不同呢？其实也简单，只是比平时见的海产干货摸起来更干爽，闻着没腥臭味，吃起来鲜香不咸。这归功于他们创业团队的加工方式——全部都是淡干工艺处理，钠含量很低，对小孩来说更健康，同时不加任何食品添加剂，保存全靠冷冻。

在做好产品研发的同时，他们创业团队也认真做好产品的销售服务工作。做客户回访的时候，他们创业团队认识了一位新疆宝妈。新疆地域太大了，快递时效不稳定，他们创业团队之前设置了新疆地区不发货。她每次都是先下单到西安，让大学同学帮她转寄到新疆，不仅费时费力，产品品质也很难保证。他们创业团队听了后也很愧疚，当月就对接了顺丰快递，恢复了对新疆的发货。正是这些家长们默默的支持，坚定了郭保平从事这项事业的信心。

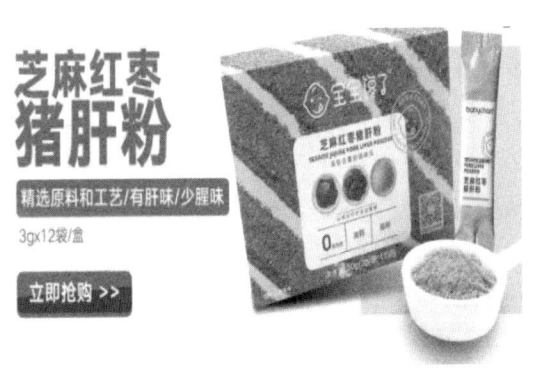

郭保平坚信："你的匠心，产品会替你说明。你的情怀，时间会为你诠释。"

为了感谢这几年众多家长们对他们创业团队的支持，他们做了几次回馈活动。他们将不忘初心，在宝宝健康食品这条路上坚定地走下去。

> **评述**：

郭保平的本科和研究生就读于本校，都是海洋经济类相关专业，我们亲切地叫郭保平为"大郭总"，他是一个有着坚毅品质的大男孩，个子蛮高，体重比较重，估计是与他长期的不规律作息生活习惯有关。与他交流的过程中，他有时还有些腼腆，但语气坚定，一谈起电商行业，语言中透露着某种自信、骄傲以及从容不迫。与"大郭总"一起的另外一个创始人陈胜，本科也是毕业于本校，两人个子、体型均相似，而且都有北漂经历，正是因为有共同的语言和相似的性格，两个大男孩奋斗在一起，放弃了原先待遇优厚的工作，宁愿不要年薪百万，也要趁着年轻"闯一闯"。"大郭总"在读研究生期间，还休学了一年，去北京工作了一段时间，在"逻辑思维"工作和学习，掌握了淘宝、天猫等平台的运营技巧和方法。2016年下半年，他返回舟山后，创立了"舟山市馋文化电子商务有限公司"。

笔者记得微信公众号"猫哥的视界"中有一篇博文：罗永浩（仅对罗永浩创业作些评价，其他不作评论）为啥能逆袭？文中详细描述了2006年罗永浩从新东方辞职之后，开启了个人的创业之路。罗永浩做过牛博网、教育培训公司、聊天宝、电子烟以及号称是黑科技的"鲨纹技术"，最后在红海（红海的意思就是大量投资者涌入一个行业导致供应严重过剩,投资者为了生存下来不得不陷入残酷的存量厮杀之中,大量投资者在这个过程中被淘汰。因为死亡的投资者太多,导致死亡者流出的血液将这个行业染成一片红色的海洋)的行业里厮杀,结果被淘汰掉。然而,2020年老罗转型做直播带货后,居然被他硬生生闯出一条路来,在不到半年的时间,老罗居然一跃成为直播带货的明星,创造了多个现场直播带货的销售纪录。在现实空间中,做企业是遵循一个"木桶原理"——决定一个木桶最大盛水量的不是最长的那根木板,而是最短的那根木板,受到各种人才、资金等因素制约。然而,在网络虚拟空间做事颠覆了现实空间的基本规律,网络虚拟空间遵循的是长板定律,只要在某方面有一项过人的优势,并且能在网络虚拟空间通过某种形式将这项优势发挥出来,创业者就能成功!老罗正是凭借自身的特长(口才、流量等各方面优势),于2020年4月1日在抖音开启了直播带货首秀,最终以超过1.1亿元的支付交易总额,累计超过4800万人的观看人数,创下当时抖音直播带货的纪录。在2020年8月7日的抖音"奇妙好物节",罗永浩直播带货超过1.6亿元,甚至一度打破了其直播首秀的最高带货纪录,完全展示了互联网经济的力量。

与现实空间各种有形无形的门槛相比,网络虚拟空间是对普通人最友好也是最没有门槛的创业空间。它可以突破地域的限制,在现实空间里,如果待在一个小县城,想跃升到地级市都非常困难,网络虚拟空间就没有任何限制,它真正将等级森严的城市拉平成一个毫无限制的整体空间。它可以突破时间、资金、个人能力的限制,在特定细分领域,将线上与线下结合——现实空间与网络虚拟空间结合,还是存在无数蓝海(指的是竞争不充分还存在巨大商业机会的领域)的领域。有了清晰的"定位和持续的优质内容输出"之后,慢慢积累粉丝数量,让流量慢慢变大,有了流量再转化为收益就是顺理成章的事情。同时,在网络虚拟空间创业还能获得各大平台真金白银的补贴与扶持。总体而言,现在现实空间的商业机会正在逐步向网络虚拟空间转化,包括商铺资产持续贬值(引流价值下降),各类品牌实体店大规模削减,大量传统媒体(电视台、报纸、杂志)纷纷萎缩等等,与此对应的就是各类应用型商业APP越来越红火,线上交易金额越来越大,自媒体蓬勃发展。根据资料显示,2019年中国电子商务交易额34.81万亿元(占全球的40%以上),其中网上零售额达10.63万亿元,同比增长16.5%,实物商品网上零售额8.52万亿元,占社会消费品零售总额的比重上升到20.7%;电子商务从业人员达 5125.65 万人。中国电子商务从业人员已经超过 5000 万人，这是韩国的人口总数。这意味着什么呢？意味着中国已经迭代到了另一个时代，一个领先于世界的互联网商业生态已巍然成型，蕴含着巨大的商业机会。

  法国思想家卢梭有一句名言："忍耐是痛苦的，但它的果实是甜蜜的。""大郭总"创业团队正是在经过一段时间的蛰伏后，瞄准了婴幼儿食品这一细分领域，创设"宝宝馋了"食品品牌，从舟山本地最优质的食材开始入手，因为舟山的虾皮产量占全国的 70% 以上，馋文化食品加工团队成功开发了第一款产品"淡干虾皮"，而且不加盐、天然补钙等特点，非常切合宝妈们的需要，"一炮打响"，从此一发不可收拾，各类款式丰富的"宝宝馋了"婴幼儿食品接连推出。近两年来，舟山馋文化电子商务有限公司的营业额已在千万元以上，直播带货、微商营销等各种销售方式风生水起，与各大"网红"开展电商直播合作，销售额每年都实现了新的突破，在 2020 年 9 月，作为创始人的"大郭总"还参加了天猫超级新秀盛典，婴幼儿食品的销量在天猫商城已跃居品牌前三名。舟山馋文化电子商务有限公司是近几年我校毕业生创办的电商企业中的"翘楚"，"大郭总"是新生代的创业有为青年。目前他们公司已经在杭州成立了分公司，主要把前端业务放在杭州，部分产品的仓库放在舟山，仓库从开始时的 100 平方米，到目前已扩展到 5000 平方米以上，按"大郭总"的说法，下一步可能还要独立建设厂房。在安徽、福建、上海等省市已设有生产基地及研发公司，与合伙人还共建了多个食品代加工厂。同时，2020 年还获得了首轮风投资金 622 万美元（约 4650 万元人民币），A+轮和 B 轮风投正在进一步洽谈。他们还有着巨大的发展规划前景，不但计划成立专门的食品研发实验室，而且"大郭总"还想在学业上更进一步，打算考取食品类博士研究生，并聘请一些大学教授作为企业顾问。"大郭总"对舟山有一种特殊情结，记得有一次和他交流时，问他为何要把仓库放在舟山，因为舟山的物流成本相比其他城市要高，如义乌、杭州等省内其他市区，但他却说因为热爱舟山，加上母校和老师都在舟山，因此他宁愿多花一些成本，也要把公司放在舟山，不愿意把公司搬到其他市区。听到这些，我们觉得非常感动。一个地方的营商环境和税收政策其实对中小微企业而言非常重要，这中间确实还需要感情基础。

  "大郭总"一年 365 天总是非常忙碌，每次约他聊一聊，想了解一下公司目前的状况，他常常都在外地，因为他基本上一年有 300 多天都是在全国各地奔跑，考察各地特色食材、学习电商运营方法、结交创业好友等，"学而时习之"，但他始终坚持不做三件事——滋补品、非食品和微商代理。

　　面对突如其来的新冠疫情，舟山馋文化电子商务有限公司也受到了较大的影响，一方面产品后续没法生产；另一方面公司迟迟招不到新生力量，但他们制定了科学、合理的应对措施，抓紧复工复产，业绩逆势上扬，不断向上攀升，这离不开他们团结一致、奋力拼搏、合作共赢的团队精神。在创业的道路上，虽然充斥着不少的艰辛，有酸甜苦辣，也碰到了较多的难题，如劳工纠纷、优秀员工离职等，还遇上了好多专业的职业打假人（是指消费者在明知即将购买和使用的商品是假货的情况下，仍然购买、使用商品和接受服务的行为人），也有一些办理业务时的添堵人，加上多款产品介入的门槛也不是太高，非常容易被模仿，假冒伪劣等类似的产品也投放到市场中，这一切都给舟山馋文化电子商务有限公司带来了较大的冲击，但所有的一切都是一个公司在成长过程中需要面对的，而且他们也丝毫没有退却，迎难而上，我们相信只要他们有拼搏的精神在，只要他们有青春活力，就一定会取得较大的业绩。目前，应该可以说馋文化团队是我们毕业生中做电商的"翘楚"，要做好电商这一行，诚如阿里巴巴国际站浙江大区副总经理王梦婕所说，有三个成功法则可以参考：第一，老板一定要重视，多多关注和投入线上生意。第二，一定要有团队支持，背后的运营团队、业务团队是否能够匹配在电商平台的布局也是非常重要的。第三，团队和平台服务团队要紧密协同，利用好电商平台的所有政策功能，实现利益最大化。而馋文化团队就是如此做的。

创业故事 2

"泥鳅四兄弟"

在舟山普陀区展茅街道养殖基地内有这样一个团队——"泥鳅四兄弟",他们一边在学校读书,一边又经常回到田地里变成"泥腿子"。他们虽然是大学生,却有着一般大学生所没有的坚韧和刻苦。2013年,大学毕业在即,4个本是好兄弟的同班同学不约而同地想到了一起,"国家鼓励大学生创业,正好用所学的水产养殖技术,去打拼一份自己的事业"。

在舟山,大黄鱼和梭子蟹等海产品是百姓最为喜爱的餐桌美食,产品高大上,市场大、销路好。这也是当地众多水产养殖户养殖的首选。"创业,不能跟风。"因为大学期间,他们一起跟着导师做过泥鳅养殖的课题,于是就选择了许多水产养殖户看不上眼的泥鳅作为创业的项目。很多老师和同学都不理解他们的选择,因为地处舟山,一般本地人不太喜欢淡水水产,而且作为淡水产品运往外地,无形中又增加了不少的成本和风险，但他们还是义无反顾地选择了泥鳅这一产品。

创业之初，他们遇到的困难之大，可以说是难以想象。土地承包费、设备投入费、基地改造费……估算下来，创业成本居然高达40万元，这对象牙塔中的大学生而言闻所未闻，尚未完全离开校园大门，就要面临这么大的困难，问题可想而知。四兄弟都来自农村，家人没法给予太多的支持，只能靠自己筹集资金。于是，一遍遍地向朋友、亲戚说计划、讲方案，才凑齐了10万元。2013年3月，四兄弟在导师和学校的帮助下，在舟山市定海区白泉镇小展社区承包了20亩土地，于是就开始挖塘搭棚，4个人下田当起了"泥腿子"，而这一切在他们上大学之前从未涉及过，作为娇生惯养的当代大学生，做起这样的行业，很多同学和老师都感到非常惊讶。几个月过去了，2间平房、1个大棚、9口苗塘……泥鳅养殖基地初现雏形。他们又斥资20多万元，引进了个大体肥的台湾泥鳅用于繁殖生产。

"很快，启动资金就被花得一干二净，穷得几乎揭不开锅。"时至今日，他们仍记忆犹新。为解决生计，他们不是另谋生路，而是在养殖基地边上种起了蔬菜，在塘埂上种上了西红柿、大白菜、豌豆等各色蔬菜，而这些对他们而言又是新的尝试，起初他们根本不懂得怎么种菜、施肥、杀虫，就当上了新生代的"农民"。功夫不负有心人，在农技站人员和指导老师的帮助下，蔬菜也获得了大丰收。除了自己吃之外，他们还有大量的结余，拿到市场上去出售。"那阵子，常常凌晨起床，蹬着载有几百斤蔬菜的三轮车，去市场占位卖菜。"几个初出茅庐的大学生还不好意思张嘴叫卖。"可一想到养殖场需要钱，也就豁出去了。"说起往日，贺龙兴颇感自豪，"有一天，居然赚了500多元。""卖菜虽然累些，但和养泥鳅遇到的困难相比，根本不值得一提。"王小军说。因为缺乏大规模的养殖经验，他们栽了不少跟头。

2013年6月，首批泥鳅苗出塘在即。可有一天晚上，养殖基地突然停电，为泥鳅塘增氧的一个水泵停止运转近1小时。"等巡夜发现异常时，整整一塘泥鳅，近10万条都死了。"这对于急需回笼资金的"泥鳅四兄弟"，无疑是一个巨大的打击。他们一边默默吞下苦果，一边加强夜间值班，轮流巡塘。王小军开玩笑道："养泥鳅可真不容易，稍有不慎，就跟你玩命，几万条、几万条地死给你看！"

好不容易离开农村上了大学，却又回到田间当起了农民，这是王小军他们自己也没想到的。功夫不负有心人，养殖泥鳅苗总算初见成效，当然这一切离不开导师储老师的全力支持和辅导，特别是在技术知识方面。台湾泥鳅味道鲜美，肉质细嫩，营养丰富，有"水中人参"之誉，有着广泛的消费市场和可观的利润空间。但泥鳅的人工繁育存在成活率不高的问题，成为泥鳅人工养殖的发展瓶颈，制约着泥鳅产量的大规模增长，也是众多泥鳅养殖户的一个心病。在一般情况下，泥鳅幼苗的平均成活率只有5%，最好时也只有10%左右。

养殖基地初步建成后，在指导老师的带领下，4个人开始着力于提高幼苗成活率的研究。经过长期的观察，他们终于发现了导致泥鳅幼苗大量消失的"罪魁祸首"——一种叫"豆娘"的飞行昆虫。这是一种长得很像蜻蜓的昆虫。"正是这些喜食水生生物的豆娘，将其卵产在水中，豆娘幼虫大量吞噬泥鳅幼苗，然后迅速繁衍长大，变成'小蜻蜓'飞出养殖塘。"王小军说。豆娘幼虫堪称泥鳅幼苗"杀手"，但一直不为人所知。经过他们的实验观察：豆娘每吃掉一条泥鳅幼苗只要0.2秒，一只豆娘一天能吃掉40条左右的泥鳅幼苗，每天每亩苗塘由于豆娘损失的苗量达到20万~60万条。"严重的时候，100万条泥鳅幼苗，在短短3天内就可以消失殆尽。"胡秀峰说。豆娘分布非常广泛，对于繁育期间泥鳅幼苗的打击无疑是毁灭性的。问题找到了，一场泥鳅幼苗繁育"保卫战"打响。清塘、拔水草、架天网、建饵料池——被称为阻击豆娘敌害的生态防控"组合拳"，不仅突破了提高泥鳅育苗成活率的关键技术，还填补了国内空白。导师储张杰博士认为，该项技术的突破不仅将泥鳅幼苗的成活率从目前的平均5%提高到了50%，也将为我国泥鳅养殖带来一次新的产业革命，同时为渔民增收提供新的途径。

随着幼苗成活率的提高，基地泥鳅繁育成本下降了 60%。不仅如此，4 兄弟还拥有了包括人工育苗技术、开口饵料技术和敌害防控技术在内的三大核心优势技术，以及泥鳅养殖从孵化到培育等产业链的多项专利。资金匮乏、经验欠缺、技术瓶颈……这些一度困扰养殖基地发展的难题，显然并没有难倒这 4 个心怀梦想的年轻人。王小军说："创业没有一帆风顺的，经历困难正常。只要挺过去，收获的不仅是成功，还有宝贵的人生阅历。"

2016 年，四兄弟的泥鳅养殖基地产值已经突破百万元，盈利 50 多万元。建鱼塘、育鳅苗、开公司，不仅圆了 4 个人的创业梦，还成功地将鳅苗产品打入国内十多个城市。2017 年，他们培育了 5000 多万尾的泥鳅寸苗，仍供不应求。寻找代理、确定区域、供应苗种、分销盈利，他们探索了一条可复制、易推广的模式。截至目前，公司已与国内多家养殖单位建立了合作关系，开设台湾扁鳅养殖技术培训班，建立"苗种送养试养示范户"。目前，这些示范户带动周边养殖户 230 余家，每亩可实现净收入两三万元。2016 年，他们还受到湖南卫视的邀请，专门做了一期如何养殖泥鳅的专场活动，一下子人气飞到顶端。

在收获业绩的同时，2014 年在"创青春"全国挑战杯大学生创业大赛上，"泥鳅四兄弟"的参赛项目"舟山台岛鳅业有限公司创业计划书"，从 10 万件作品中脱颖而出，获得了计划类农林渔牧方面的金奖，受到了国内专家、学者的高度肯定。路为纸，地成册；行作笔，心当墨，把论文写在了田野上——这也是导师储张杰教授对这个团队的评价。

如今，"泥鳅四兄弟"的舟山泥鳅养殖基地已从当年的 20 亩扩展到 50 亩，连云港基地也由 12 亩扩展到 60 亩，还拥有多个固定的市场客户群。"我们正在筹建一个专业实验室，可以更直观地研究提高泥鳅的养殖技术；继续把基地苗种和技术推广到全国；重点拓展韩国、日本等海外市场，让泥鳅游出国门。"对于未来，"泥鳅四兄弟"信心满满。

评述：

泥鳅养殖团队负责人王小军的本科和研究生就读于本校，都是水产养殖专业。我们都知道水产养殖是一个比较辛苦的行业，学生在毕业实习阶段就需要去养殖场实习锻炼，所以王小军他们还没有毕业就在养殖场和鱼、蟹、虾打交道。王小军个子不高，但人很精瘦，非常干练。由于经常晒太阳，他们团队每个人都很"黑"，都是地地道道的"农民"。2015 年，在浙江省"挑战杯"创业计划竞赛决赛的公开答辩现场，有位专家还问了其中的一位女答辩成员（当时创业团队中也有几位女孩子，而且有点儿黑和"土"），你有没有男朋友？他们团队成员回答说正是因为经常要晒太阳，所以皮肤变得很黑，男朋友也跟她分手了，引起现场评委和参赛选手们的一片笑声。

王小军在本科期间品学兼优，尊敬师长，一眼看上去就是一个学习标兵，他的专业基础非常扎实，经常跟导师一起参加学术交流会和深入民间地头开展养殖领域的研究，自入学起就打算从养殖行业开始做起，真正地"谋定而后动"，属于"早熟"的或者说有规划的一类学生，而且跟导师学习水产养殖后，他发觉自己深深爱上了这一行。2013 年，刚好王小军的导师在接触台湾泥鳅后，发现可以引到大陆来养殖，因为台湾泥鳅个头大、肉质鲜美，而且容易存活，如果能养殖成功，可能会有一定的市场前景。所以王小军他们创业团队就选择了这款产品，从头开始做起，一天天地埋头在实验室和池塘边，不间断地进行繁殖试验，终于养殖成功了。他们创业初期的艰辛和痛苦以及中间所付出的努力，让常人难以理解，也真正体现了作为一名科研人和创业人的拼搏进取精神。

自从鳅苗养殖成功后，他们又通过各方努力在舟山当地的一个乡镇开辟了一块池塘，从实验室到田间地头，开创一片天地。经过他们创业团队的不懈努力，几千条、几万条鳅苗成功孵出。同时依靠其他成员，找到拳头产品，主要以销售、鳅苗为主，而非成熟泥鳅，为农户输送鳅苗并开展一条龙服务，解决在养殖生产过程中遇到的技术难题，提高鳅苗的成活率，技术与销售一把抓，成功打开了江浙沪等长三角周边市场。所以，我们从这个创业团队可以看到，凭借扎实的专业知识和灵敏的商业嗅觉，在找到主打产品后，外加导师的技术支持以及团队间的默契配合，就能开创一片属于自己的天地。

2019年下半年某日，笔者有一次在舟山当地一条河边散步时，再次碰到了王小军他们的创业团队，王小军比毕业前更"黑"了（创业实在是不易），这条河的河水非常混浊，因为水体中大量以氮、磷为主的有机物含量过多，导致水中蓝藻、绿藻等藻类大量繁殖。他们取得小瓶水样后，回到公司的实验室进行水质调查，研究水中的富营养化程度，然后再拿出具体的措施进行治理。后来和王小军交流，了解到他们正在承担一些大项目，就是开展净化污染水道等多项检测业务，并按照要求确保水质达到国家清洁标准。王小军他们的创业团队就是结合了当下生态文明建设，全省各地开展的"五水共治"的重要契机，结合专业所长，开展净化河道、检测水体污染等多项项目。到目前为止，他们公司的鳅苗业务客户源非常稳定，这也是他们的主要业务。同时，他们也正在逐步开拓养殖其他水产品，不断壮大公司规模。从现在看来，王小军创业团队始终秉承吃苦耐劳的精神，一直坚持在田间地头一线，不怕苦不怕累，只要一直拥有这样执着、敬业的精神，再有导师和技术人员的持续帮助，以及当地就业局办的支持，他们创业团队一定会越走越顺，因为"功夫不负有心人"。

创业故事 3

创艺车间的"一间房"改造计划

在舟山，海岛民宿可以算是"渔农家乐休闲旅游业"一个举足轻重的载体。难以想象的是，在泗礁岛如果没有"五渔村"民宿，如何接纳旅游旺季的游客？在清浜岛如果没有"海上布达拉宫"的民宿景观，会不会少了那份东海"极地"的意味？其实拥有1390多座岛屿的舟山，本来就是一道吸引游客的美丽风景线。

2015年，为促进渔农业增效、渔农民增收、渔农旅双赢和渔农村发展，舟山鼓励各地创建一批生态环境美、服务水平高、海岛韵味浓的渔农家乐特色乡镇、精品示范区、集中村、休闲示范点和海岛特色民宿。

"一间房"计划是由浙江海洋大学陈老师带领的学生创业团队"创艺车间"发

起，主要以生态设计、创艺修复等为手段的海岛民宿公益改造活动。2015年8月，"创艺车间"的"一间房"计划启动，试图通过零成本修复海岛生态民宿，让逐渐遗失的渔家文化和老去的岛屿焕发生机。

近年来，受"小岛迁、大岛建"政策实施和东海渔业资源衰退等诸多因素影响，一些原本人丁兴旺的小岛，逐渐流失常住居民，日渐衰落荒芜。一些没落海岛的渔民除了捕鱼外没有其他技能，而上岸后又没有土地，没有稳定的收入，面临转产转业。渔民的知识结构单一，年龄又相对偏大，受教育程度低，就业观念陈旧，缺乏创业的信心和决心，转产转业意愿不强，不愿意安土重迁，离开家乡去外地找工。如何帮助这些渔民？如何让沉寂的海岛渔村重获生机？这些都成为当地政府的难题。于是陈老师及学生创业团队想到了帮助渔民将房屋进行民宿改造，重新寻找生计，加上近年来小岛旅游开始兴起，而且游客喜欢有特色的民宿，不喜欢居住在统一的宾馆，平时生活、工作压力巨大，刚好在小岛旅游时可以放松心情，听听大海的涛声、吃吃透骨新鲜的海鲜、吹吹海风，非常享受这样的"小资"生活。因此，他们创业团队觉得民宿改造是一个非常好的项目，既可以作为海洋文化的一个载体，保留渔民文化，又能改善渔民生活，而且如果让一些装修公司去设计和改造，势必是价格高，让渔民难以承受。于是，陈老师和学生创业团队启动了"一间房"海岛民宿公益改造项目，只收取一些成本费用和生活费用，为他们创业团队打造品牌打下基础。

"一间房"改造计划，首站选中了位于普陀区悬山岛马跳头村222号石头房，这里过去是村里的卫生院，已经废弃了十多年。"我们来到这里，是发现美、保护

美，所有美的东西都要保护起来，以原生态的艺术改造吸引人们对小岛的关注。""一间房"创业团队负责人说。改造用的材料都来自可利用的废物和天然材料，鹅卵石铺地，竹条做成篱笆墙，废轮胎改装成休闲沙发，漂流木雕琢后做成台灯……平时不起眼的物件，到了团队成员手里都成了"宝贝"。

经过一周的努力，院落、大堂、样板房焕然一新，这家名为"漂流木之家"的民宿正式竣工。"漂流木之家"的主人叫李汉科，是土生土长的舟山人，他投资民宿的初衷是因为马跳头村拥有沙滩、泥滩、石子滩以及颇具代表性的石头房等原生态环境优势。

旧轮胎沙发、粗布手绘门帘、老船木吧台、漂流木之灯、小摇椅、木餐桌、画在墙上的时间、废弃院落里的柚子，一切就如梦想中的一样，创业团队的努力不仅获得了相应的成效，而且在首届"原生态民宿"浙江省大中学生文化创意设

计大赛中,"漂流木之家"获得了银奖。2015年9月18日,"漂流木之家"迎来第一批住客,4名女大学生通过朋友圈发现了这处"世外桃源",大家结伴而来度过了一个淳朴而自然的海岛周末。"漂流木之家"的主人李汉科一到假期就特别忙碌,他的"漂流木之家"民宿更是常常客满。"一年里已接待游客500多人次,营业额25万元左右,这比以前全村人的收入还要高呢。"巨大的改变,让朴实的李汉科到现在还感觉如同做梦。"我们村从以前的荒岛,到现在的旅游小岛,这一切都要归功于'一间房'计划。真的非常感谢他们,感觉像换了一个人生。"

之后,"创艺车间"创业团队又指导业主李汉科扩建了周边的民房和餐厅,现在只要一到周末就常常客满。岛上的村民们由此深受启发,把平日里不起眼的漂流木、船木、鹅卵石、桃花石等搬进自家小院和房间,打造更多的民宿空间。民宿文化迅速催热了岛上的旅游经济,游客逐渐增多,外出打工的年轻人也开始陆续返村,修路、开餐馆、建娱乐设施,这又为该小岛创造了近200个就业岗位,使原本月收入不过几百元的渔民找到了新的谋生之路。

当地文旅部门已将"创艺车间"部分师资力量和项目纳入了"海岛一间房"计划,使之一头连着海岛、渔民、民宿和生态,一头连着大学、课堂、学生、专业孵化和公益创业,把同学们的一些新奇又不能独自完成的想法转化为集体实践。截至目前,已完成了六横岛、泗礁岛、东极岛、朱家尖岛等地的民宿改造。他们在将朱家尖岛的筲箕湾渔村一间面朝大海的房子改造成民宿时,做了一个系列的装修创意:一个叫"知味图书馆"的房间处于"无人"(废弃的浴桶放进塑料模特)、"无食"(废弃的老式柴灶)、"无土"(溶蚀严重的漂流木)的主题环境,目的是表达当前海洋文化面临的困境。与此同时，当地还在一间房子的墙面上挂上了空白轴卷，等待完成，表达让渔文化存续的愿景。当然，多种多样的互动活动也被引入海岛和民宿，如海岛英语课堂、青少年心理咨询、海岛原生态保护知识讲座、石头画创作、海边篝火音乐晚会等。

通过几年的实践，"创艺车间"创业团队增加了海岛民宿的吸引力，许多本地渔民也加入这一行动中来。这也让人们更加确信，在舟山，所有的一切都不是"废物"，而是宝贝。目前，"创艺车间"的"一间房"计划已经参与了嵊泗岛、东极岛、岱山岛、朱家尖岛等地区的岛屿建设，累计为20余座海岛的贫困村民提供技术帮扶，为当地政府解决了不少的难题，也实现了"双赢"。

> **评述：**

第一次看到"创艺车间"创业团队负责人郭春燕同学时，她还是一名学中文的师范生，她虽然话不多，不太擅长与人交流，但整个人看上去比较干练，戴一副金边的眼镜，对海洋文创行业有执着的热情，有很强的创新精神和创业意识，经过陈老师的精心辅助，"创艺车间"已成功运营多年。目前，"创艺车间"全力以"挖掘海洋文化、拯救失落海岛"为宗旨，开展渔村生态改造、岛民文化帮扶、渔农产品推广、渔俗活动策划、对外平台搭建等多项业务内容，既改善了海岛生态环境，帮助海岛居民转产转业，又发掘了海洋文化资源，打造了大学生海洋文化精品，还帮助建设海岛新型文化渔村，并成功建立了一套成熟的文创扶贫服务模式，形成独有的文创服务矩阵，可以说是公益与商业同步并进。

在创业近5年的历程中，他们改善渔村环境，帮助渔民转产转业，实地调研近20座海岛，走访108个村庄，成功改造了十余个海岛渔村，提高了渔民的生活水平。通过文创产品推广、旅游体验设计为海岛青年提供返乡就业机会，实现就业1030余人。他们还组建专业团队，助力海岛文化建设，积极开展了海岛支教、普通话普及、海岛摄影展、文化下乡演出、海洋文化节等品牌活动，出版了教材《中小学海洋意识教育班会活动设计与实施》，编纂专题书籍《舟山群岛海洋民俗初探》等。"创艺车间"的一系列活动，受到媒体的广泛关注，目前，公司拥有2个微信公众号、2个网站、5个固定活动基地，与虾峙镇政府、舟山博物馆等16家企事业单位开展了合作共建。"创艺车间"所开展"一间房"民宿改造活动相继被中国国际电视台、CCTV13、新华网、《中国教育报》《中国海洋报》等几十家媒体报道转载。2015年6月，"创艺车间"创业团队正在定海南洞艺谷创作实训时，刚好遇上时任浙江省委书记夏宝龙来舟山考察，夏书记和创业团队做了充分的交流，得知他们帮助海岛渔民转产转业、改善渔民生活时，肯定了他们所做的公益事业，为他们点赞，并希望他们在创作的道路上越走越远。"创艺车间"所开展的一些项目，也相继获得了浙江省志愿服务项目大赛金奖、浙江省暑期社会实践优秀团队、浙江省挑战杯大学生课外学术科技作品竞赛三等奖等多项荣誉。目前，"创艺车间"已拓展了多项业务内容，增设了如组织策划文化艺术交流活动，设计、制作、发布各类广告；旅游景区建设、开发与经营、技术服务及销售；货物及技术的进出口贸易；兰花卉、苗木种植与销售；办公用品、工艺品设计制作，互联网信息服务；种植设备的研发、销售等，并与当地多个社区组织合作共建，一步步向前远行。

  现在呈现在我们面前的是这样一幅画面：一群又一群有着创作梦想和有志于从事海洋文化创作的青年人，不断来到"创艺车间"，加入他们的创业团队中，与他们一起奋斗、一起创作，始终秉承进取之心，既为公益事业，又为理想创造属于他们自己的天地，我们也相信他们一定会成功远航。

创业故事 4

"石蛙大学生"新玩法——谱"黑黄金"致富曲

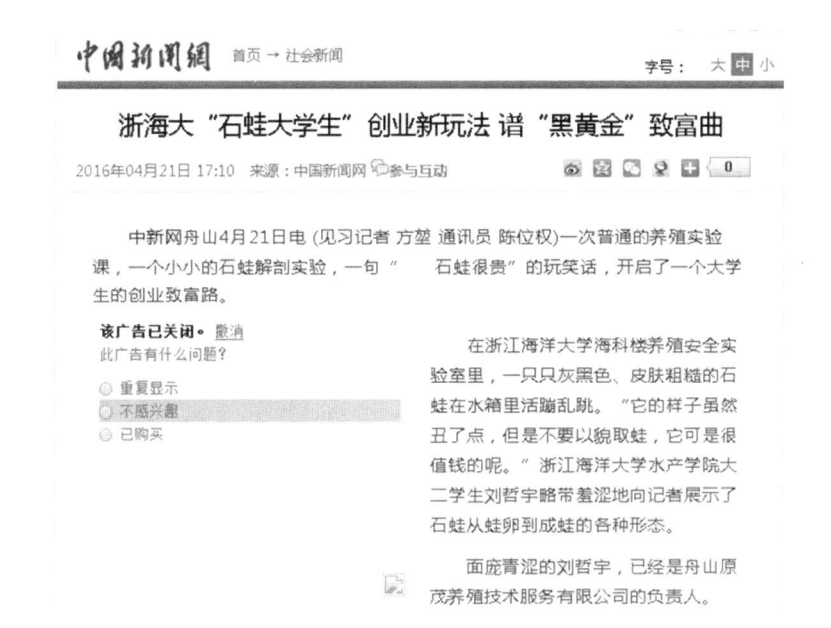

> **中国新闻网** 首页 → 社会新闻 　　　字号：大 中 小
>
> ## 浙海大"石蛙大学生"创业新玩法 谱"黑黄金"致富曲
>
> 2016年04月21日 17:10 来源：中国新闻网　参与互动　👁 🔍 💬 ⭐ 📤 0
>
> 中新网舟山4月21日电(见习记者 方堃 通讯员 陈位权)一次普通的养殖实验课，一个小小的石蛙解剖实验，一句"石蛙很贵"的玩笑话，开启了一个大学生的创业致富路。
>
> 在浙江海洋大学海科楼养殖安全实验室里，一只只灰黑色、皮肤粗糙的石蛙在水箱里活蹦乱跳。"它的样子虽然丑了点，但是不要以貌取蛙，它可是很值钱的呢。"浙江海洋大学水产学院大二学生刘哲宇略带羞涩地向记者展示了石蛙从蛙卵到成蛙的各种形态。
>
> 面庞青涩的刘哲宇，已经是舟山原茂养殖技术服务有限公司的负责人。

一节普通的养殖实验课，一个小小的石蛙解剖实验，一句"石蛙很贵"的玩笑话，开启了一名大学生的创业致富路。

在学校的一个养殖实验室里，一只只灰黑色、皮肤粗糙的石蛙在水箱里活蹦乱跳。"它的样子虽然丑了点儿，但是不要以貌取蛙，它可是很值钱的呢。"面庞青涩的刘哲宇，正是舟山原茂养殖技术服务有限公司的负责人。

石蛙，学名棘胸蛙，生长在南方丘陵地带，肉质鲜美，价格昂贵，有极高的药用价值和食用价值，是民间的珍馐佳肴，被誉为"百蛙之王"。同等重量下，石蛙的蛋白质含量和瘦牛肉相同，脂肪含量却只有瘦牛肉的4%。市场上牛蛙的价格是 16 元/斤左右，而石蛙却能卖到 200 元/斤。

"有一次上养殖实验课，我们学习解剖石蛙，解剖时老师幽默地说：'小心着点，你们的刀下可是100块钱呢。'"刘哲宇介绍道，当时他看着面前那只其貌不扬的石蛙，对它高昂的价格感到惊讶，课后他立刻上网搜集了很多信息。他发现，石蛙之所以售价昂贵是因为养殖周期长达3年，而野生石蛙捕捉难，人工养殖石蛙规模小，成活率低，大部分的养殖场只能建在山上。"养殖的人太辛苦了，遇到恶劣的天气还会血本无归，要是石蛙能在平原上养该多好啊！"这个想法就此在刘哲宇的脑海里扎下了根。他多次和专业老师探讨石蛙平原化养殖的可能性，在老师的帮助下，刘哲宇开始了石蛙平原化养殖的研究，在这个过程中，他认识了很多志同道合的人。在石蛙平原化养殖技术日益成熟后，刘哲宇带领团队注资成立了舟山原茂养殖技术服务有限公司，致力于石蛙平原化养殖技术的推广。

石蛙的活动强弱与外界的环境条件有密切的关系，水温、水流等变化对其影响尤为明显。适宜水温为15～25℃，活动正常；水温过低，活动较少，生长停滞，进行冬眠；水温过高则出现异常，甚至死亡。

刘哲宇和团队成员着力对这一问题进行了研究，目前已将石蛙的养殖周期缩短了1～2年，使蝌蚪在变态期的成活率达到95%以上，能够帮助养殖户极大地扩大养殖规模，提高经济效益。除此之外，刘哲宇的公司拥有包括病害防治、饲料速生、饲料谱系等核心优势技术在内的两项专利的使用权，并在着手其他先进技术专利的申请，技术研发实力极强，为其公司的发展和进一步开拓市场提供了坚实的技术支持。

突破了技术难关，刘哲宇的团队却在市场推广上停滞了——没有人信任几个还没有毕业的大学生。"最难的不是技术，而是如何让养殖户信任我们的技术。"刘哲宇回忆刚刚开始创业的经历时说："一开始我们走访了多家养殖场，那些养殖场的老板一看我们是还没毕业的大学生，就觉得我们没啥真正的本事。后来我们通过向养殖户了解他们近期存在的难题，提供可行的解决方案来获取他们的信任。"在不断地碰壁和摸索中，刘哲宇的公司终于与浙江省余姚龙坑养殖场签订了合作协议。这无疑是一种激励，让他的团队更积极地向更多的养殖场推销自己的技术，足迹遍布宁波、金华、杭州、连云港等地。

尽管有着资金匮乏、经验欠缺、技术研发难等问题，但刘哲宇初生牛犊不怕虎，他对自己团队的技术充满信心。"一定能够在全国的平原地区推广开来。"后来，刘哲宇的公司还计划开设石蛙养殖技术培训班，并筹建"苗种送养试养示范户"，让更多的养殖户能从中受益。

据悉，通过和养殖场签订技术服务合同、销售饲料和蛙苗，刘哲宇的公司已经创收 18.8 万元。"我们正在制作一套石蛙生长周期模拟系统，用于向养殖户推广技术；筹建一个专业实验室，可以更直观地研究提高石蛙的养殖技术；继续把基地苗种和技术推广到浙江周边省市乃至全国；重点拓展韩国、日本等海外市场，让石蛙跃出国门。"说到未来，刘哲宇充满了信心。

"由于现在的野生石蛙已经很少了，基于野生动物的保护和自然生态的平衡，今年我们团队计划放生 1000 只幼蛙回归自然。"刘哲宇认为，这也是他当时选择研究石蛙的一个原因，希望能改良野生石蛙的基因，让这珍贵的"百蛙之王"能在恶劣的环境中更好地存活下去。

评述：

刘哲宇个头高，不太擅长与人交流，在上学期间唯一的爱好就是在实验室做实验，把一些动物拿来试验。他的专业知识非常扎实，在导师的带领下深入一线，经常与农户一道研究养殖方法。后来在生产实习过程中，碰到养殖石蛙这一领域，发现有利润点可寻。于是他们与导师一道，开始在养殖石蛙的道路上前行。虽然在养殖过程中也遇到了不少难题，但他们不畏艰苦，克服技术困难，已成功地将石蛙的养殖周期缩短了 1~2 年，使蝌蚪在变态期的成活率达到 95% 以上。黑石集团董事长、首席执行官兼联合创始人苏世民说过：追求卓越的人往往对学习充满热情，孜孜以求，他们善于提问、勤于思考，能够敏锐地捕捉到想法之间的联系，从不失手。这句话，在刘哲宇身上得到了充分的验证。

因此，可以说刘哲宇创业团队完全是科技型创业企业，是在导师辅助下开展的创业项目。他们公司既能帮助养殖户极大地扩大养殖规模，提高经济效益，又能将专业知识与实际生产生活紧密联系，取得了一定的经济效益。后来刘哲宇创业团队基于学业和择业上的考虑，部分核心成员选择了继续在学业上深造，个别成员选择回家就业，于是他们团队经过一致商议，放弃了公司的运营，直接把核心技术转让给了相关的单位。其实创业失败并不可怕，反而是一个组织最好的老师，如果团队成员能一道开诚布公地客观谈论失败，分析问题的所在，就会从失败中学到关于决策和组织行为的新规则。如果评估得当，失败就有可能改变一个组织的进程，使其在未来更加成功。

在创业过程中，刘哲宇他们不仅有经济上的收益，而且得到了全方位的能力培养，因为这是大学课堂上无法给予的，是要自己一步步实践得来的，也是无法用效益来衡量的，这是他们最大的收获。刘哲宇后来考上日本东京海洋大学，继续在求学的道路上奋进。

创业故事 5

始终怀揣热心的创业人

萌芽于中学，初创于校园，立足于海大，展望于舟山。吴亮鹏是 2020 年毕业的大学生，但大家都习惯喊他"吴总"。在校期间，他创办了舟山优创科技有限公司，并一直运营至今。

初入校园，怀揣着梦想的他，因一次偶然的机会，发现了酒店房间零食先消费后付款的模式后突发奇想，如果宿舍也能够做到这样，那么学生的生活就会更加便捷。于是，他组建了一个 3 人的团队开始运营，取名"宿舍零食屋"，经过两个月试运营，初见成效。

2017 年，"宿舍零食屋"已经发展了 100 多间宿舍，但是遇到了管理烦琐、结算困难、效率低下等问题。于是，吴亮鹏主动求变，到上海找到小程序开发公

司，寻求技术支持。引入小程序以后，"宿舍零食屋"的运维效率显著提高，同时增加了自主选品、实时配送的选项。此时他带领的团队已达20多人的规模，团队的运作能力和水平显著提升。

那些年，吴亮鹏团队将生意做到了浙江国际海运职业技术学院，还对宁波大学和绍兴文理学院的校园团队进行宿舍零食盒经营指导。随着吴亮鹏团队不断发展，海大校园平台活跃人数达4000多人，浙江国际海运职业技术学院的校园平台活跃人数也达到了2000人以上。同时，他们团队又开始承接小程序开发和代运营业务，帮助舟山部分商会和企业进行小程序开发。2018年，吴亮鹏团队获得了第四届浙江省大学生经济管理案例竞赛中本科组的三等奖和浙江省"赢动教育杯"第十三届大学生电子商务竞赛本科商务类三等奖等荣誉。在校园生意不断扩大时，吴亮鹏也在时刻地反省，不断地追求下一个目标，他执着认真的性格，让团队成员更加信任和支持。在发展过程中，吴亮鹏团队一鼓作气，还拿到了跟船远洋捕鱼体验项目管理系统、海洋特种旅游在线报名审核监管平台两项软件著作权。

2019年，对吴亮鹏来说是转型的一年。因为校园市场扩展受阻，吴亮鹏只身闯荡义乌，投入电商浪潮。他说："这一次选择不知对错，但是既然选择了远方，便风雨兼程。"无疑，转型必将是满路荆棘。开始时，他四处学习，从组建团队到选品都严格要求，宁愿错过一个赚钱的机会，也不愿失掉自己的良心。回想起步之初，他略有哽咽，新行业给了他重重一击，日日亏损让他愁眉不展，但是坚持初心让他方得始终，在他和团队其他成员的努力下，他的针织品做到了类目排行榜前三名，一度日销过万单。

2020年，新冠疫情的突然来袭，本又是一次天崩地裂的开始，但吴亮鹏没有选择去高薪资的房地产公司上班，而是继续坚守创业阵地。尽管疫情打乱了公司的节奏，也带来了不少损失，但在吴亮鹏看来，一切风浪都会过去，他的坚持也着实让人感到佩服。疫情期间，他意识到传统的产品不具备市场竞争力，就不断地权衡市场需求，决定开拓舟山特色产品——海鲜产品，他本人亲自选品，努力带给客户最好的产品。为了让客户放心，他支起了直播架，卖力地做起了直播，让客户亲眼看到海鲜的品质，放心地购买。他每天乐呵呵地穿梭在海鲜市场，说："我这北方人在舟山和海鲜碰撞燃起了爱的火花。"

目前，吴亮鹏在杭州、义乌与舟山均有业务布局，分别运营海鲜电商、针织品等。他还开展线下布局，已经开设了3家实体店铺，做到线上线下相结合。他还积极为创业的学弟学妹提供技术指导并分享经验，帮助学弟学妹成立校园电商协会，在校园开设创业分享书吧，让更多的创业者分享创业故事和互相支持。他常对自己说，不能忘记母校的帮助，一定要尽自己所能回馈母校。现在，很多创业的学弟学妹找到他解惑时，他总会分享自己的心得，并且给他们对接所需的资源。

> **评述：**
>
> 第一次见到吴亮鹏同学，是在2018年的一次创业意识培训会议上，笔者授课结束后，在互动交流时，他非常踊跃地举手发言，交流很愉快，因而留下了深刻的印象。吴亮鹏来自河南信阳，是一个阳光又性格开朗的小伙子，可以用以下这些词来概括他：浑身充满着发光的能量，有创业激情，上进心非常强、抗压能力强，拥有对美好未来生活的无限向往。

经历了"零食盒子"这个初创项目之后,吴亮鹏积累了一定的创业经验,一个又一个的创业项目点子喷涌而出,最终在电商这个创业风口找到了自己的一席之地,做起了针织品和海鲜产品等电商销售。2020年,新冠疫情突如其来,对小微企业而言,所遭受的冲击不言而喻,但吴亮鹏经受住了压力,与团队小伙伴们通力合作,把货物直接放在义乌(物流成本低)寄送,使损失降到最低程度。在拼多多直播平台,吴亮鹏亲身示范,做起直播售货,丝毫不逊于一些明星直播,凭借着大学期间锻炼的口头表达等才能,加上对针织品行业的熟悉、对海鲜产品的了解(特别是对舟山地地道道的特色海鲜如数家珍,如雷达网带鱼、里岙梭子蟹、东海美人等,说实在的,就是在舟山待了20多年的笔者对一些海鲜产品也了解甚少,为之汗颜),销售量不断攀升,获得了让人意想不到的成功。在做素食产品平台时,吴亮鹏也是亲身体验,赴外地专门学习如何做素食产品,开发出了一系列产品,深受消费者的喜爱。

吴亮鹏就是这样一步步在创业的道路上前行,有挫折也有喜悦。成功总是属于有准备的人,2020年,他被舟山市人力资源和社会保障局评为"大学生创业之星"。

创业故事 6

在求变中"二次创业"

"故事看多了，才明白自己的最珍贵"，这是熊厚最喜欢的一句话。他从大学二年级开始便建立创业团队，短短几年，也亲眼见证梦想一点点"花开"。

2016年，熊厚成为学校的一名新生，那时"稚嫩"的他早早萌发了创业念头，当其他同学活跃在课堂、社团和学生会时，他却在各类创新创业大赛、讲座、论坛、模拟实践中汲取创业的灵感，他说也许就是学校这些鼓励创新创业的举措，与初生牛犊不怕虎的精神，让他走上了创业的"不归路"。

2017年，"大造"广告公司就这样诞生了，公司刚起步时一切都难。他们无论是从专业程度、技术水平，还是业务经验来讲，都是非常欠缺的，而且没有客

户资源、人脉圈子，当时手里做的业务往往都是承接外面同行的转包业务或低利润业务，想去发展优质点的业务，但和外面的同行进行全方位的比较后，发觉不占优势，导致业务利润低，公司规模无法扩大，更无法招聘到高水平的员工。前半年的时间，他眼睁睁地看着伙伴们做着"免费劳动力"，依靠着家里的资助才得以渡过创业初期的困顿。

2017年年底，公司的财务数据出来了，全年的净利润只有5%左右，财务报表让熊厚坐立不安，这等于团队又白干了一年。让人欣慰的是，团队成员的意识保持着高度统一，并没有质疑一年的努力，而是考虑2018年公司必须走出去。在2017年年底的一次会议后，团队成员更是像打了鸡血一样，坚信能靠对行业的专一度熬过这个艰难阶段，当天晚上，团队成员把下个月的生活费全部集中在一起，用于下一年公司市场拓展起步资金，随后熊厚也暗下决心，一定要把小打小闹的"大造"真正做大。

进入大三学年后，熊厚开始到校外企业回收二手的办公用品，东拼西凑，把校外不到 50 平方米的办公室布置得"有模有样"，同年从学校搬了出去，正式拓展校外广告传媒市场，吃住都在这个地方。到了校外，他们团队愣是凭着一股子年轻人的创业激情和无数个夜晚的熬夜工作坚持下来，但匆匆又是半年下来，好像公司的收益并没有什么变化，仍是会发愁第二天的生活问题，这个时候也正是团队里每个人职业生涯规划的十字路口，大家在这个时候放弃创业，选择考公、考研都还来得及，也会有更稳定的发展。在公司最迷茫的时候，熊厚问团队里的其他成员是不是还要坚持下去，最后大家的答案是笃定的，一起做下去！

到了 2019 年，舟山新区城市品质大幅度提升，也迎来了企业广告业务的快速发展。熊厚敏锐地观察到了这一点，带着团队成员开始在白天进行地推，"大造"逐渐在本地市场有了起色，在本地广告传媒行业市场占有率不断提升，同年，公司营业额突破 100 万元，团队人数扩展到 20 余人，公司经营场所由原来的 50 平方米到现在的 1000 平方米，这让他们团队感受到企业的"春天"就要到了。记得创业初期，他们就把自己定位为一家集品牌策划、文化传播、活动策划执行、广告制作及施工为一体的综合性广告传媒公司，一直以来，秉承"文化传播形象，视觉点亮价值"的服务理念，综合运用广告策略，以创意为武器，深刻地诠释企业的市场地位和品牌价值。全心全意以客户品牌价值最大化为宗旨，专注于为公司、企业、机关团体等客户提供品牌整体规划到实施完成的全方位服务。

但此时，熊厚他们却感觉到有一定的瓶颈。他们认为，不仅是广告行业，而且包括相关的传统行业，不可能无限制地持续增长，一是体量无法扩大，二是现金流不畅。因此，他们团队开始把目光转向其他领域。

2019 年 9 月，对熊厚来说恰好有了一个新的机遇。一位有合作意向的商会投资人找到了他们，经过半天交流后，他们一拍即合，成了创业合作伙伴。作为创业带头人的熊厚，自己也变得更加自信，同团队成员一道开始规划公司新的发展方向，计划与投资合伙人一起创立一个全新的品牌。团队筹备创立"玩大的"品牌咨询管理有限公司，目前旗下囊括多项业务，主要有大造广告传媒、零装网、梦思燕等，可谓打开了另一扇窗。

2020 年年初，正当熊厚团队准备全面拓展业务时，新冠疫情的暴发，让他们所有正在运作的项目全部停止，团队成员也没有办法聚集在一起，只能以网络视频的形式交流，投资人的钱全部打了水漂，同时对很多客户都没有办法跟踪服务，产生了大量的违约金。这一系列突发状况，导致整个团队都陷入了泥潭。但他们并没有气馁，而是马上开始整理思路并提出解决方案，尽量把损失降到最低。

全员防疫成为他们团队首要的工作重点，为所有复工人员累计提供全员防疫的资料与防疫物资300多份，提倡把各种准备工作提前到位。熊厚说防疫力是他们企业的第一生产力。首先，工作上组织团队线上办公，坚持每天早上的晨会，要求团队每个人梳洗整齐坐在视频前打开摄像头，保证整天积极的工作状态，汇总前一天的工作问题，制定当天的工作安排。其次，在公司业务上做好存量，把原有的客户需求进行重新的排查，先服务优质的、合同款项大的客户。最后把现有项目的线下开支最小化，想尽办法保持公司的现金流入。

在新冠疫情阶段，熊厚观察到抖音的日活用户最高已达到5亿人次，大量的人员活跃在网络媒体上，因此他马上抓住这一难得的机会，带领广告传媒团队打造抖音号，通过互联网平台直播带货舟山海鲜，目前账号粉丝已突破20万。下一步将通过平台为公司输血赋能，开始筹备属于舟山的抖音号方案，让外界通过抖音平台了解舟山千岛的自然属性，打造属于舟山文化的窗口。

熊厚团队很快从困境中振作了起来，找到了新的方向。他们怀着对未来的憧憬在创业的道路上不断学习，也找对了合伙人和新的创业思路，就是这一个又一个的坎坷，使他们在创业的道路上越挫越勇，再加上团队的坚持，真正实现了"创业点亮未来，奋斗成就梦想"。

> 评述：

第一次看到熊厚，就感觉到他非常的"憨厚"，大家都叫他"熊大"（动画片中的熊大，但熊大机智、灵活，能处理各种困难，反而经常欺负光头强），他看上去个头不高，说话不紧不慢，但却自带某种自信与骄傲。他是来自山城重庆的一个小伙子，有理想、有担当，来大学的第一天就对自己的人生规划有了长期目标，立志当一名企业界人士。

熊厚大学时的专业是市场营销，所以他对商业的嗅觉非常灵敏。正值舟山城市改造并迎接创建文明城市之际，需要大量的广告业务投入，熊厚团队抓住契机，展开地毯式营销，硬生生地从众多传统的广告公司中杀出一片自己的天地，凭借着广大活跃的学生资源，以及优异的广告设计方案，拿到了大量的广告业务，在业内有了一定的口碑。但毕竟当地体量较小，广告业务难以扩大，特别是 2020

年突如其来的新冠疫情，给熊厚团队带来了很大的冲击，面对压力，熊厚团队做到了：客观、理性地认识眼前形势；屏蔽其他所有内容，只关注交易要点；花点时间使自己舒缓下来，倾听不同的意见与建议。正如黑石集团董事长、首席执行官兼联合创始人苏世民所说的，每一个人、每一家企业都要考虑如何主动改变自己，以适应不断变化的世界。保持企业精神和积极主动至关重要，在当今的不确定环境中尤为如此。熊厚团队在变化中求生存，他们改变业务方向，积极打造多样化的业务类型以应对市场的竞争和变故，在电商浪潮中激流奋进，创造属于自己的天地。

2020年，熊厚被舟山市人力资源和社会保障局评为"大学生创业之星"，他将继续在创业的道路上前行。

创业故事 7

龙舟上岸——从运动员到培训师

"各位伙伴们，大家下午好！"

"好！很好！非常好！见到你更好！"

这是拓展活动的经典开场，培训师季如意又要开始他新一场的拓展活动了。开场后带着参训的学员做一些简单的破冰小游戏，然后就紧锣密鼓地按照人数进行分队，再做一些竞技项目，以小队为单位进行 PK，最后胜利的一队抱成一团，欢呼雀跃，享受胜利的喜悦，落败的队伍也在总结，比赛的时候哪里可以做得更好。季如意压下他们或激动、或低沉的心情，让大家围坐成一圈，给了他们 5 分钟的时间，去回味项目的体验过程，共同分享在项目里的感受，谈谈自己的收获。

一场培训下来，半天或是一天，季如意最为享受的就是最后分享环节大家畅所欲言和认真分享的场景，分享得越多，说明大家收获的就越多，项目体验越有深度,参与感越强,如此,作为主培训师的他的成就感自然就涌现了。当然,按照每场活动的流程来讲,这一天的工作并未结束,整理好装备,所有工作人员再碰头总结一下今天这场活动的工作情况:客户在项目过程中参与度怎样?体验感如何?整场活动的项目设置是否流畅等。当然还有教练和助教之间的相互建议,每一位教练都是从助教开始做起,也许其中的一位助教就是之后某场活动的主教练了呢。也正是一直遵循这样的工作流程,季如意和他的团队才得以稳健成长,在行业内获得口碑。

季如意从事拓展培训行业有 4 个年头了,从行业小白到现在的"金牌"培训师,从不敢开口说话,唯唯诺诺,到现在面对客户能够侃侃而谈,大方自信,个中成长自然离不开身边的同伴以及背后老师的帮衬和支持。

曾经的"撒浪嗨游"团队，还都只是龙舟队的成员，更确切地说，海大的龙舟队就是他们创立和组建的。作为龙舟队的第一批队员，所谓万事开头难，大家都是新手，没接触过龙舟——没技术、没水平，只能凭着感觉自己练。那时的条件也艰苦，还没有现在的水上基地，整个揽月湖只有一个孤零零的浮动码头，每次训练还得把船扛着从北一门运到浮动码头，真的是经历了常人所没经历过的艰苦。或许正是因为共同有了这么一段刻骨铭心的经历，在后面的创业道路上，他们所面临的困难和挑战也都不算什么了。一代新人换旧人，一代龙舟队员临近毕业，都在思考未来何去何从。4年龙舟队的经历，大家接触户外越来越多，也感觉自己喜欢户外运动（尤其是水上运动），自己的本专业当然是和户外运动八竿子打不着的，放弃户外运动实在是不甘心，哥儿几个一商量，索性把兴趣变成专业，把专业变成职业好了。几番合计，又跟傅老师沟通，询问意见，得到肯定和支持，所以舟山撒浪嗨游文化发展有限公司就这样成立了。

经过一段时间的发展，舟山撒浪嗨游文化发展有限公司利用现有的技术、人员和场地优势，重点开发了青少年的研学旅行系列产品，主要面向青少年学生以及适龄的学龄前儿童，根据不同年龄阶段又匹配不同的相关产品：以幼儿以认知自然、认知社会为主，中小学生以三生教育（生存、生命、生活）和励志教育为主，高年级学生以心智教育和社会教育为主的原则，以"拇指童军"作为专业品牌投入运营。同时，针对其他适宜人群的需求和市场，以"撒浪嗨游"为主，开发出企事业单位素质拓展、大学生班级活动、同学聚会等产品。另外，虽然舟山市的青少年研学游处于待开发阶段，各中小学均未开始真正意义上的研学游，但前景广阔。在成人市场上，各公司、企事业单位逐渐开始重视团建活动，以增强工作人员的工作积极性和工作效率，甚至在部分企业，这已经转化成刚需。因此，从长远来看，无论是针对青少年的童军系列产品，还是面向成年人的各种丰富的团建活动，这都是市场的需要，也是大势所趋。同时，团队成员综合素质不断提高，全职在职人员具有多个专业证书：中国登山协会户外指导员、国家中级体验教育培训师、浙江省社会体育指导员、浙江省红十字会急救证以及舟山市水（海）上救援队队员等，专业性甚至超过某些社会上的同类公司。

但是，时移世易，从2017年决定创业至今，团队核心成员从开始时的10位，到现在只剩下3位，其他伙伴们因为各自的原因暂时离开，但是他们对团队的付出和成长是永久性的。当然，还有他们的导师傅老师，从他们还是队员的时候就一直支持，在学校龙舟队里的时候给予了大家属于家的温暖和关怀。当他们决定创业时也是大力扶持，尤其是前期的建设阶段，更是给出了很多建设性的意见，也正是因为如此，季如意他们哪怕已经毕业两三年了，还是心系龙舟队，也在力所能及地为队伍建设、壮大出一份力。

如今的"撒浪嗨游"团队，更多的是思考未来的路该怎么走？团队成员的个人能力有长足的进步是不假，但更多的是要谋求更加长远的发展。既然做了，就要做到最好，做到极致，这是导师傅老师对他们的期望，也是他们自己的梦想，希望这一天不会久远。

季如意他们团队计划在未来发展上，公司产品重点突出"体验式教育"这一核心理念，始终坚持青少年以"教育"为核心，成人拓展以"体验"为内核，志在为国家培养心智强大的人才，为企业凝聚出团结向上的团队。

评述：

看到季如意，就感到一种亲切感，他皮肤黑黑的（应该是长年累月一直在室外做素质拓展的原因），个头不高，开始说话时自带笑容，普通话不是非常标准，语气中藏有一种温州地区的方言，但整体让人感觉到做事踏实、放心。他大学时所学专业是理工科类，由于兴趣爱好，参加了学校龙舟队和野外生存训练团队，经过这一系列的专项训练，让他深深地爱上了这项既有挑战性又有趣味性的团队活动；既锻炼团队成员的凝聚力，又锻炼个体的意志，因而深受大学生的喜爱，但要加入这个团队，不仅需要个人的坚持，还要看个人的身体素质与体能。季如意同学在大学期间就一直在团队中训练，磨炼了自己坚强的品格和优秀的身体素质，因此他思考坚持走这条道路。

毕业后，在几位团队小伙伴的支持下，他们联合成立了舟山撒浪嗨游文化发展有限公司，专门面向中小微企业做团队建设，内容涵盖素质拓展、荒岛求生、龙舟大赛等活动。当下，各类公司职员面临业绩、生活等诸多压力，对于一个公司领导来说，如何塑造公司文化，特别是如何加强团队凝聚力都是要思考的。因此，季如意他们团队刚好抓住这个契机，一方面扩大业务范围，另一方面不断加大对团队成员的素质培训，提高他们的业务素养。公司业绩逐渐加大，业务对象慢慢向中小学生开始延伸，组织策划了一个又一个优秀活动项目。

在公司不断向前发展的过程中，他们也逐渐遇到了一些瓶颈，当地业务体量本身不大，而做素质拓展的同类公司也有好多家，再加上公司个别业务骨干的流失，季如意他们公司也面临"寒冬"，到底该如何生存？经过一番思索之后，他们找到了一条路，就是与一家校友公司合作共同开展，慢慢地稳定下来。目前他们公司正在稳步前行。

创业故事 8

学生心目中的"创业标兵"

陆世文于 2011 年就读我校市场营销专业,后考入本校农业推广专业攻读研究生。他从入学开始就创业,先后成立了校园物流公司、舟山讯微飞驰电子商务有限公司、京东校园展示店等多家企业,与 8 家淘宝电商企业签订了合作协议,与多家物流公司签订经营权,自营 5 家淘宝店等。2016 年,企业营业额突破 500 万元。

"我家在衢州,由于是第一年来舟山,又快过年了,总想着带点舟山特产回去。我跟几个同学说,年底可以做一笔海鲜生意,想不到大家一拍即合。"心动不如行动,陆世文与几个同学,跟着定海区南珍菜场的海鲜干货老板,一起到普陀一个海鲜批发部进货,几个同学一人一辆电动车,来来回回骑了好几次,把海鲜给拉了回来。"海鲜大礼包，超市卖 45 元一包，我们卖 35 元一包。"回忆起当时的创业，陆世文津津乐道，刚开始接触生意，什么都不懂，索性印传单到学校两个校区的各个寝室推销。一开始预订的人蛮多，但是过了一阵子很多人都忘了预订的事。圣诞节前几天，他想到了给提前交预付款的人送苹果。同学们闻风而来，预订更火爆了。有了预付款，也就不怕落单了。就这样，陆世文小试牛刀，以质优价廉的海鲜和送货上门的服务，淘到第一桶金。

"卖海鲜的时候，我认识了几个同在创业的朋友，便萌发了自己创业的想法。"2012 年 8 月，陆世文在校区接手了人家转让的店面，成立了"蓝洋科技"，业务包括电脑及其配件的销售和维修、打印、复印和快递。但是做了不到一年的时间，该店因为租期到了，学校将店面收回，陆世文也因此损失了一笔转让费。"刚开始做生意的时候太信任别人，合同类的文件看得不仔细，也不晓得对方已是第三方转让，5 万元的转让费就打了水漂。"陆世文并没有气馁，他说，"虽然从房租费来说是亏了，但是资源的积累，总体来讲还是有收益的。"因为业务关系，他接触到了更多的人和更多无形的资源，如快递业务。

店面经营的近一年间，快递增长速度非常快，陆世文觉得这个有市场前景，就提前做了布局。"我本人有一种危机意识，就像在学校做生意的时候，我经常会想，如果店面不能营业下去，能干嘛呢？我会在一个项目不能继续下去时，考虑下一个项目。"陆世文的身边也有一些朋友以前开店，开不下去了，就沉迷于打游戏。在他看来，人生不应该有空白期。

2013年秋，正值学校搬迁至新校区，经过考察、面试，陆世文取得了校区所在地的快递经营权。回忆起那次竞标，陆世文历历在目："那一次竞标，我花了很多心思。在面试结束到出结果之间，会有几天的空当，我们就在这个时候去找发起竞标的单位沟通，表达决心，展示诚意。"最后，在4个竞标团队中，陆世文团队取得了经营权。竞标也让陆世文意识到了团队的重要性。接着，他们相继与多家物流公司签订合同，区域涉及学校所在地长峙岛全片，日平均派件量达到2500件。

"大学生创业，应该要有创意性。如果纯粹做快递，有点浪费我们的资源。"做了3年快递，陆世文发现快递和电商其实是分不开的。2015年1月，陆世文成立了舟山讯微飞驰电子商务有限公司，在原有快递物流的基础上，向电子商务业务拓展。2月，他又在衢州开化成立了开化万通物流有限公司。说来也巧，陆世文的老家开化有人在转卖百世汇通快递业务的经营权，在权衡了自己的资源和精力之后，他以50万元价格收购了百世汇通快递业务的区域经营权，配合其电子商务业务。

后来，陆世文与京东商城签订合作协议，在高校开设京东校园展示店，半年内，陆世文连续成立了多家公司。虽然做得有点繁杂，但他说做事都要有前瞻性，做这些是为了以后更大的发展做铺垫，"我对自己的创业有一个清晰的规划，不说长期，短期一定会有。我做什么都要坚持可持续发展的理念。想安逸的时候就问自己，如果明天我不做这个了，我能做什么？"危机意识让陆世文的创业总是游刃有余。

"一个好的创业者，必须具备两个条件：思维能力和执行力。"这是陆世文对一个优秀创业者的定义。没有好的思维引导创业方向，再能干也要走弯路，有好的创业方向却没有能力落地也是空想一场。在老家实习的几个月，又让他找到了商机。

偏远的山区，尽管农民种植的农产品质量很好，但是找不到更多的渠道来销售，对电商更是没有什么概念。陆世文就想到了做电商孵化器，培养电商方面的人才，从而转型做培训。依托电商和物流平台，他与开化县七只果电子商务有限公司合作，成功取得开化县电子商务孵化园的经营权，该园面积2000平方米，足够陆世文来搞培训。"让不会用电脑的农民和待业在家的人学会用电脑。开化县电子商务孵化园元旦就可以开业了。"

目前，他名下的企业都发展得很顺利，长崎岛物流业务部的业务量和营业收入较稳定，京东业务部也已步入正轨，电商部现处于发展初期，多家企业今年营业额非常稳定。这么多家公司齐头并进，并没有让他落下自己的学业。他一边努力创业，一边刻苦学习。2015年，陆世文考上了本校农业推广专业硕士研究生。

陆世文认为，大学生毕业后不一定要马上创业，在企事业单位历练几年后再创业比较好。如果要创业，比较适合做轻资产类的，如电子商务类、相关技术类。他以自己的经历寄语后辈，要脚踏实地，沉淀自己。不怀疑自己的项目，对自己和自己的团队有信心，脚踏实地地去做，对自己做的事情有清晰明确的思路，有情怀，不拘泥于赚钱，这都是很好的创业态度，同时也是创业精神的体现。目前，陆世文对多家公司采取扁平式管理方式。每个团队的负责人都有股份，独立经营，他就是建立一个数据监控。"目前因为精力有限，即便管理中出现一些问题，还是能让每个项目产生盈利。"陆世文说，"等研究生毕业以后，我会将我的所有项目进行梳理，集中精力把所有的资本、资源整合在一起，做强、做大。"

评述：

陆世文可以说是天生就有一个经商头脑，从入学第一天就开始酝酿如何创业，也印证了某种创业潜质的与生俱来。由于就读市场营销专业，专业的熏陶与历练，让他更加坚定了创业的决心与信心。

陆世文个子、身材均中等，皮肤黝黑（好像是创业者的一个特质，因为比较辛苦，常年在外奔波拼搏），说话语速非常快，办事效率较高，商业嗅觉非常灵敏，胆子也很大。从贩卖海鲜干品开始做起，利用利差淘得第一桶金，本身专业也没有硬科技支撑，只有在商业模式上的一些创新。随着国内电商行业的逐步兴起，陆世文瞄准了物流这一行业，由于他个人的性格特征，一些大型物流企业都愿意与他合作，选择他作为合伙代理人，从此成了校园物流第一人，他的公司也走上了快速发展道路。因此，在电商时代，在这样一个细分领域里，能找到适合自己且能发挥特长的行业，这是最重要的。慢慢地，陆世文逐步扩大营业范围，承接下了学校的所有快递业务，甚至周边社区的一些小区物业也选择与他合作，业绩不断攀升，渐渐成为学生心目中的"创业标兵"。

随着公司的进一步做大，慢慢地也遇上了一些瓶颈，因为做快递物流业务门槛比较低，你能做并不代表其他人不能做，由于观念上的差别，加上其他一些因素，后来陆世文与一些物流企业发生了不愉快的事情。个别物流公司逐渐认识到，他们自己也可以直接在校园或小区里设点，不需要找中间商，这样既减少了成本，又增加了不少优质的客户。后来，陆世文在与个别物流企业竞争的过程中失败了，退出了校园市场，回到了老家开化县，为当地的电商产业园做招商服务工作，并利用自己在物流方面的特长，注册成立了物流企业，并拥有了多辆汽车和平台，逐渐走上了正轨。所以，一个企业还是要有精湛的业务，切实提高业务水平和核心竞争力，这样才能一步步不断壮大。

创业故事 9

从事网络安全检查的"小杜"

杜志豪，新疆人，1995年出生，舟山中正信息科技有限公司主要负责人。他的团队从网站建设及部署、微信公众号运营等IT行业起家，经过一年的打拼，现在已小有所成。他说，青春就是该折腾的年纪，正值青春的大学生有无限可能，想要创业，就规划好大胆尝试吧！

杜志豪于2015年6月成立舟山中正信息科技有限公司，主要业务是为企业和政府等客户提供网络技术支撑，保护网络数据安全，如企事业单位的网络安全风险评估、渗透测试、安全加固和培训、网页部署等。经过一年的努力，公司步入正轨，月营业额最高达到10万元，为近30家企事业单位提供网络技术服务。

杜志豪从刚开始对电脑感兴趣,到玩出商机,他自己都始料不及。"一边学土木知识,一边玩计算机,挺好的。"杜志豪很享受创业生活。

杜志豪从初中开始就对计算机产生了浓厚的兴趣,还组建了一个有关计算机知识学习的小圈子,一起研究网络信息安全,曾协助当地公安部门打击网络犯罪分子。他觉得自己是一个在技术上有些强迫症的人,乐于研究、探索,曾提交过携程任意用户登录漏洞,并被采纳。

为了提高技术水平,高三毕业之后,杜志豪每年寒暑假都会去深圳相关单位实习,主攻网络信息安全,甚至有时连过年也不回家。正是这样的历练奠定了他创业的基础,让他懂得如何运作一家网络公司。

大一时,课外之余,他免费帮别人做些电子商务。"大家都觉得我做的东西还不错。"杜志豪说,一次有个珠宝商找上他,请他设计一个珠宝网站,当时做个网站的市场价要五六万元,虽然他最终只收取了对方几千元工时费,但却让他看到了网站制作的巨大商机。"学校很支持我创业,一般只会提供给大三或大四学生的创业场地,大一时就给我们提供了。"杜志豪言语之间显露出创业的激情。

从订单量为零到月入 10 万元,回顾过去一年的创业历程,杜志豪坦言创业的艰辛超过想象。开弓没有回头箭,创业的难题接踵而来,但杜志豪身上有一股新疆男子汉的韧劲,绝不轻言放弃。没有业务,他就天天往外跑,自己找业务。"创

业之初，我不在乎订单大小，哪怕是捡市场的漏，只要在客户上能粘上一角，我也觉得已经迈出成功的一步。"没有时间，他就常常熬夜研究技术，完成的每一项工作，留住的每一位客户，小小的收获都使杜志豪干劲十足。

没有资金，他就通过老师和朋友筹资，充分利用学校创业园的资源，得到老师的指导，学校也提供工作室予以支持。2015年11月，杜志豪的公司完成了100万元的天使轮融资，为企业的进一步发展提供了资金保障。通过团队的努力，公司口碑和信誉也建立起来了，业务量开始提升。

除了上课时间外，杜志豪平时就待在工作室里忙着处理业务。但他很愿意抽出时间帮助其他想创业的大学生，分享他的创业经验。他说，想要创业，一定要有一个完善的规划，需要足够的启动资金。"大学有最好的创业资源，如指导老师、创业团队、创业场地等，想要创业的同学要学会充分利用这些资源。"杜志豪说，创业还得有一颗坚持的心，创业不仅仅是为了谋生，更是为了实现自我价值，如果半途而废，宁愿不开始。杜志豪还认为，大学生创业要合理安排好工作与学习的关系，学业是根基，不能因忙于创业而荒废了学业。

后来，杜志豪承接了自己实习的一家深圳公司外包给他的安全测评业务。他说，安全测评业务在舟山将是一个市场热点。安全测评业务的服务流程很简单，只需要提交申请、与安全团队签订授权协议，即可获得安全团队提供的免费安全测试服务。如果没有发现任何安全隐患，则表明应用较为安全；一旦发现问题，安全团队将评估该项目的风险，并提供深度合作和解决问题的方案。"现在舟山还没有一家专做网络安全服务的公司，我们正在向这方面发展。但网络安全服务的市场进入很难，需要企业有一定的资质。"杜志豪说，他想挑战高门槛的行业，因为低门槛的行业容易造成恶性竞争，做高门槛的行业人家很难山寨，你想抄都抄不来。

杜志豪的公司又迎来了一次转型，开始两条腿走路，一块业务涉及政府机关、企事业单位的网络硬件采购；一块业务涉及网络安全服务，并已经接到了本地养老院等一些单位的安全测评等业务。既确保原来的业务不萎缩，又开拓了新的市场。

"网络化办公已成为当今政府机关、企事业单位办公的主流，网络安全服务更是大有商机。"杜志豪说。网络给人们带来了无穷乐趣和便利，同时网络安全问题也随之凸显，已有迹象显示，我国部分网络地址已感染专门针对工业和基建控制系统的恶意程序，潜在安全风险巨大。

加强网络安全技术保障能力建设，已是助力建设网络强国的当务之急。杜志豪说，网络安全涉及金融、社保、税务、交通、电力和医疗卫生等重要领域，公司将秉承"技术让网络更简单"的商业理念，积极打造信息技术专家团队，运用顶尖核心技术，力创信息安全技术一站式全方位解决方案，把网络安全服务这块蛋糕做大，为企业和社会创造价值。

评述：

笔者每次见到杜志豪，总是亲切地叫他"小杜"，他笑起来的时候眼睛眯成一条线，又有点儿腼腆，感觉非常可爱。"小杜"个子非常高，大约有1米9，身材偏瘦，有点儿像"鹿鼎记"里的"胖头陀"（当然绝无贬低之意），戴着一副金边眼镜。

"小杜"非常好学，大学所学专业是建筑环境与设备工程专业，但他对计算机网络技术情有独钟，估计也是兴趣使然，真所谓兴趣就是最大的动力。据资料显示，截至2020年3月，我国网民规模为9.04亿人，互联网普及率达64.5%；手机网民规模达8.97亿人，网民使用手机上网的比例达99.3%，呈现即时性、互动性、广泛性、社会化等特点，接近步入全民网络时代。在网络时代里，网络安全问题始终是用户头疼的一件大事，如何保护系统安全、信息传播安全、信息内容安全等，这都是网络安全程序员所要考虑的一些主要内容。"小杜"就是从小在计算机里开始摸索，在网络世界中寻找自我，慢慢地在网络安全领域发现了契机，由于解决网络安全问题的速度跟不上网络发展的速度，导致很多企事业单位大量需求网络安全专家，而"小杜"正是拥有专业知识，因此与当地的"公安"等单位一拍即合，达成合作意向，专门负责检查漏洞和维护系统安全。在有了具体而稳定的业务后，"小杜"又在微信公众号运营、网站制作等方面做了一定的拓展，公司慢慢走上正轨，也逐步向外地延伸，公司人员也不断充实进来。

后来，"小杜"在面临职业生涯选择时，把自己心爱的公司转让给了其他人，去了澳大利亚继续深造。笔者相信，"小杜"在未来的道路上会越走越宽，一定会成为一名网络安全技术专家。

创业故事 10

无蟹可击——行进在养蟹的道路上

一次偶然的养殖场之旅，李泽良见识了梭子蟹暂养这一养殖方式，也正是这一次经历，开启了他的创新创业之路。

在学校的渔业科技岛上，李泽良和他的小伙伴正在暂养池边观察新下池的螃蟹，这些螃蟹有的蜷缩在泥中，有的在水中游动。"这么大的一只螃蟹，两个月后，养殖成功就可以卖到 100 元，而死了就只能扔掉。"李泽良举着一只螃蟹向我们介绍，现在的他已经是舟山市壹品水产养殖有限公司的负责人了。

三疣梭子蟹属海产大型经济蟹类，是海洋渔业的主要捕捞对象，肥满膏蟹更是肉味鲜美，营养丰富，深受国内外人们的喜爱。但梭子蟹的捕捞旺季却不是梭子蟹长膏的季节，因此，大量的海捕梭子蟹非常瘦（俗称"肉蟹"），质量相对较

差，一般收购价为 10 元/斤，甚至有些刚蜕壳的梭子蟹由于壳空肉瘦只能当作肥料处理，资源不能得到有效地开发和利用。

海捕梭子蟹育肥暂养是梭子蟹养殖生产的重要组成部分，主要是利用海区自然梭子蟹资源数量与价格优势，收购海捕野生梭子蟹，经过一段时间的沙池或围塘育肥暂养后上市，利用市场价格差价获取利润。通过暂养育肥，原本壳空肉瘦的大蟹通过 2～3 个月的时间就能变得体肥膏满，价格也能从原先的每斤几元钱提高到 120～150 元/斤，价格可以增加 10～15 倍。

近年来梭子蟹暂养的平均成活率只有 10%～15%，相比以前有大幅度下降。由于梭子蟹养殖成活率的下降，导致梭子蟹生产单位减少，整体产量降低，养殖效益下降，风险增大，海捕蟹暂养育肥产业面临崩溃的威胁。

这一问题引起了李泽良团队的关注，这样低的成活率，稍有不慎，养殖户便会亏本，养殖风险很大，"若是可以提高成活率，那么经济效益还是非常可观的。"李泽良笑着说道，发现这个产业蕴藏的经济潜力后，他的眼睛立马就亮了起来。为此，他请教了他的导师何杰老师，提出了自己的想法，在导师的帮助下，他和团队小伙伴很快开展了对暂养成活率的研究。在养殖技术取得突破，暂养成活率可以有效提高后，李泽良带领团队注资成立了舟山市壹品水产养殖有限公司，他们想通过自己的技术自主暂养红膏蟹，实现团队财富梦想的同时，带动周边暂养户共同发展。

梭子蟹的空壳蟹从捕捞到下池塘，期间会受到许多碰撞，从而产生不同程度的损伤，而这些损伤都为暂养之后的死亡埋下隐患。李泽良团队深入生产一线，观察生产过程，针对捕捞分拣过程中的损伤问题，他们开发了一套低损分拣与运输系统和技术，可以有效地减少对蟹的伤害，从而提高暂养成活率。同时，他们也在导师的帮助下，进行了大量的实验，从水质、盐度、营养配方等方面进行把控，综合提升暂养蟹的成活率和品质。目前，在核心技术方面，李泽良团队已经申请国家专利4项，发表学术论文4篇，并在着手其他先进技术专利的申请，强大的技术研发实力，为其公司的发展和进一步开拓市场提供了坚实的技术支持。

创业并非纸上谈兵，创业初期，很多问题扑面而来，市场波动、资金匮乏都让李泽良倍感头疼，但他并没有因此退缩，"我相信我们的团队，相信我们的技术，我相信我们一定可以在暂养这条道路上越走越远。"目前，舟山壹品水产养殖有限公司已经在西轩渔业科技岛上成功建成了两亩的暂养池，马上就可以正式投入生产。

据悉，舟山壹品水产养殖有限公司通过自主养殖销售，每亩净利润有望突破15万元。"我们在自主养殖的同时，也积极开展针对普通暂养户的技术服务，帮助他们实现增产增收，互利共赢。"未来，舟山壹品水产养殖有限公司的技术服务对象将不断扩大，有望走出舟山，走向其他沿海地区。说起未来的发展，李泽良充满信心。

每年的空壳蟹市场价值很低,许多甚至被当作肥料处理,蟹资源浪费严重,暂养产业的健康发展,对于蟹资源的有效利用将起到很大的作用。而更好的产业技术,也可以为更多的人带去财富和收获。李泽良认为,这也是他们开展项目的意义所在。

> **评述**:
>
> 李泽良刚创业时是一名在校大学生,大学所学专业就是水产养殖,因此,也就意味着经常要下田间地头,深入一线,与养殖户们打交道,真正地将课堂所学的知识与实践充分结合起来,应该说这才是教育的根本目的。
>
> 李泽良个子很高,也很壮实,一看就是经常运动的小伙子。他经常戴着一副眼镜,待人热情且健谈,与他交流时,他的话语中充满着自信,专业知识学得较扎实。在一次去实习时,他偶然发现在梭子蟹捕捞旺季,大量的海捕梭子蟹非常瘦(俗称"肉蟹"),而且质量较差,收购价格便宜,甚至有些刚蜕壳的梭子蟹由于壳空肉瘦只能当作肥料处理,资源不能得到有效的开发利用。他想,如果能把这些肉蟹暂养起来,通过一定的技术自主暂养红膏蟹,既能增加蟹的价格,也能带动周边养殖户的收入,一举两得。心动不如行动,李泽良与创业小伙伴们一道深入生产一线,针对捕捞分拣过程中的损伤问题,特别是在导师何杰博士的帮助下,他们经过日日夜夜、反复试验,终于成功开发了一套低损分拣与运输系统和技术,既可以有效地减少对蟹的伤害,也提升了暂养成活率。目前,李泽良团队成立了舟山壹品水产养殖有限公司,正式公司化运营,同时也指导当地养殖户的生产。
>
> 这是一个师生共创的典型案例,把生产技术直接转化为生产力,如何提升高校的科研成果转化率,也就是如何落地一直是绕不开的话题,科研成果不是"空对空",而是要实实在在地解决一些实际的生产生活问题,这才是科学研究的根本。李泽良团队研究成功的暂养技术非常适时适地,有效地解决了当地养殖户的难题,提高了养殖户的经济收入。我们希望李泽良团队不仅在示范性方面做些榜样,也希望他们在拓展螃蟹养殖的技术方面更进一步,从而在创业道路上越走越远。

创业故事 11

争做中小学教育培训的引领者

　　一颗看似不能再普通的初心，一场突如其来的家庭变故，一句"此生必成大事"的内心起誓，开启了一个大学生的创业之路。

　　在浙江舟山这座千岛之城，定海、普陀、临城新区的土地上散落着5家舟山金榜培训学校的分校。设施完善的场地、宽敞明亮的教室、严谨统一的管理、每一家资质完善的培训学校身后，都有舟山金榜教育培训有限公司创始人彭长生的呕心沥血、运筹帷幄。

　　"想想自己开始，哪有什么方向，只是想着可以赚钱填饱肚子就满足了，一开始真的很纯粹，"彭长生说着说着，往事涌上心头。他刚进入大学校园没几天，就经历了丧父之痛，父亲的丧事也让彭长生仿佛看见了人世间的落寞与沧桑。而这个少年也明白长兄为父，看着妹妹稚嫩的脸庞，看着母亲眼神里死一般的恐惧，作为这个家里唯一的男人，彭长生深刻地明白他必须要勇敢地站出来，家里的担子从此要落在他的身上了。"此生必成大事"，彭长生此刻内心异常笃定，也在心里埋下了这颗种子。

　　彭长生知道，他需要自己赚钱养活自己，并要支撑起这个家。他开始寻找工作机会，只要是可以赚到钱，他都愿意做，愿意去尝试。兼职发传单、考研机构校园代理、辅导班老师，这一路走来，他为自己赢得了可观的收入，不仅让他负担起自己的生活，还把多余的钱汇回家支撑起家庭。但真正成长的是他的内心，灵敏的商业嗅觉让他认识到，未来的教育培训市场绝对大有可为。他渐渐地理解到"有两种工作永远不会消失，教育和宗教"。他看到了农村和城市的差距，他知道如果有一套成熟的运作模式和好的教育理念，那教育市场绝对是一个朝阳产业，而那个人会不会是自己呢？他知道自己只要顺势而上，必定大有可为。于是他开始积蓄力量，依靠自己做家教积累的经验，他成功说服自己的大学同学和他一起组成团队，两人一拍即合，决定合作做辅导班。

　　启动资金成了他们迈出第一步的绊脚石。"正是因为需要钱，才走上了自己创业做辅导班的这条路，如今绝对不能因为钱而倒在第一步。"办法总是可以克服的，彭长生说服了家里的姑姑并借到了一笔钱，而团队里的另一位合伙人是靠自己老家的父母卖掉耕牛帮他筹措到的钱，他们才有了创业的第一笔启动资金。拿着这笔温情而又厚重的钱，他们知道自己输不起，更不能输。

　　有了这一笔启动资金，他们也正式迈出了创业的第一步。这一步迈出的艰辛和苦涩，多年之后他们仍会细细品味。租赁好场地之后，接下来就是装修环节，校区装修主要就是隔断教室，为了能够为后期发展预留资金，很多事情都是他们亲力亲为，买来的课桌他们自己装好，墙壁粉刷他们自己来，很快搭建起了校区雏形。

第一次做辅导班，虽然历经坎坷，磕磕碰碰，但好在彭长生卓越的领导才能和敏锐的商业眼光，以及这个团队初生牛犊不怕虎的精神及超强的执行力，让他们的辅导班从小到大，越来越好。既然选择了远方，便只顾风雨兼程，他们接下来想怎么一步步把辅导班事业做大、做强，真正可以成为自己的事业。在金榜后来的发展历程中，一步步开分校，从初期的一家校区到现在的5家分校，从最开始的百余平方米的场地到如今每个校区不少于300平方米的教学面积。由于彭长生卓越的沟通技巧和独特的个人魅力，吸纳合伙人加入公司并进行培养，并依靠超强的管理才能，将公司几十名同事拧成一股绳。舟山金榜教育培训有限公司在发展的过程中，从来都是出现问题第一时间解决问题，不管是刚开始的资金短缺，还是后期的校区办学资质的取得，抑或是教师离职……不抱怨，不抛弃，不放弃，迎头向上的金榜人，脸上正洋溢着幸福的笑容。

舟山金榜教育培训有限公司在自身发展壮大的同时，也不忘积极回馈社会，承担社会责任。其实，舟山金榜教育培训有限公司在成立之初，就一直致力于为大学生提供就业岗位，为社会尽可能地解决一些就业问题，公司的每一次发展，都能够更好地帮助一部分大学生解决就业问题。舟山金榜教育培训有限公司多次走进山区发起助学活动，真正用行动践行了"用爱心做教育，用感恩的心做人"的教育理念，"金榜将感恩的心带进了山区，而这样的助学活动，金榜的未来还会坚守，继续坚持。"彭长生认为，这也是他当时选择教育辅导的原始动力和原因，而这也必定是舟山金榜教育培训有限公司未来的归宿。

评述：

  彭长生来自河南信阳，个头不高，看上去就是一个"短小精悍"的小伙子。大学里选择的专业是船舶与海洋工程，这也意味着，如果不下一点苦功夫是无法顺利毕业的，彭长生是"一本生"，综合素质高，中学阶段的学习基础扎实。2014年入学之后，家里发生变故，使他的性格变得更加坚强。笔者认为，创业者首先要有如来佛的情怀和唐三藏的信念；创业初期要如唐僧一样孤身上路，营销、公关、设计、文案、融资……什么都做，像会 72 变的孙悟空；老板整天板着脸会影响团队氛围，情绪要像猪八戒；忠诚如沙和尚，弱水三千，只取一瓢饮，如舟山金榜教育培训有限公司坚定不移地致力于中小学课后服务问题；作为创业新人，要像白龙马那样谦逊，保持空杯心态，向优秀人物学习。

  彭长生在就学期间一直跟着一家教育培训机构做事，学习了不少经验知识，少走了很多弯路。最终，彭长生找准了做教育培训这一行业，而且他对当地中小学教育的前景非常熟悉与了解，于是就和一个合伙人共同走上了创业的道路，成立了舟山金榜教育培训有限公司。诚然，创立和运营小企业的难度和大企业相差无几。一个企业的创立，无论规模大小，都有一个从无到有的过程，都会承受相同的经济负担和心理压力。从筹集资金到找到合适人才的难度都很大。在同样的困难和压力面前，要确保创业成功，唯一的办法就是全身心地投入。而彭长生就是全身心地付出与投入，以至于荒废了自己的学业，等到发现要弥补功课上的不足时已为时过晚，当然这也是对创业者的一个最大教育。自从创业后，一路走来，彭长生也曾有过彷徨和迷茫，但年轻就要去体验，在实践中会重新发现和实现自我价值，而且始终保有激情，"心中的火永远不要灭，哪怕别人只看到烟"。

  在创业的过程中，特别是做教育培训，相对于其他行业而言，门槛较低，面临的竞争压力大，优秀教师是核心竞争力，所以对于彭长生他们而言，如何能够识别人才至关重要，无论公司是大是小，找到合适的员工是必须要做到的最重要的事情。一个企业有"八九十"三种人才观：得 8 分的人是任务执行者，得 9 分的人非常擅长执行和制订一流策略。如果公司都是9分人才，就可以获得成功。但10分人才，无须得到指令，就能主动发现问题、设计解决方案，并将业务推向新的方向。10分人才能够为企业带来源源不断的收益。所以，在实践的过程中，彭长生他们就是懂得了企业的运营之道，找到适合自己企业发展的优秀人才。在现实接触的过程中，笔者发现他们公司的员工执行力非常高，团队凝聚力强，工作投入的精神更让人佩服。记得有一次在一个创业园看到这样的一句话："诸葛亮从来不问刘备，为什么我们的箭这么少？关羽从来不问刘备，为什么我们的士兵那么少？张飞从来不问刘备，兵临城下我们怎么办？若万事俱备，你的价值何在？"我觉得这些刚好在舟山金榜教育培训有限公司得到了印证，他们全体成员正是有这样的精神激励，每位成员都定位合理，找准方向，把个人的价值与公司的整体利益紧密结合，充分发挥自己的最大作用，实现自己的人生理想。目前，舟山金榜教育培训有限公司已在舟山的两个县区开设了5家分校，生源数量不断增长，业务蒸蒸日上，教学质量也稳步提升，还受到了家长们的一致好评，公司员工们一切都围绕着"小目标"向前奋进。

同时，让人欣慰的是，彭长生还是一位有情怀的小伙子，教育不忘本，他经常回到曾经的中学，去看望老师和学生，一次又一次地拿出助学金，资助困难学生，帮助他们完成学业，激励学生考上心仪的学校。

创业故事 12

致力于帮助渔民解决海鲜的冷冻难题

"水产品冷链物流创新团队"荣获 2017 年全国大学生"小平科技创新团队"称号，全国仅有 50 支学生创新团队获此殊荣（浙江省 2 支），这既是全国大学生科技创新团队的最高荣誉，也是对他们团队的充分肯定。

"水产品冷链物流创新团队"成立于 2011 年，团队建有面积 200 余平方米的"大学生水产品冷链物流创新创业训练中心"，团队成员由 6 名研究生和 29 名本科生共同组成，涵盖了建筑环境与能源应用工程、食品科学与工程、船舶与海洋工程、市场营销、油气储运工程、财务管理等专业。团队在韩志、邓尚贵、张宾等教师的带领下，致力于国家和省级大学生创新创业训练计划项目研究工作，主要专注水产品冷链物流领域的前沿科技，共开展了 12 个创新项目的研发。

近 5 年来，团队学生以第一作者发表论文 53 篇，以第一发明人申请专利 56 项，其中美国专利 1 项；获得学科竞赛奖励国家级 15 项、省部级 35 项，其中包括：2015 年"挑战杯"大学生课外学术科技作品竞赛浙江省、全国双特等奖，2016 年"创青春"大学生创业大赛浙江省、全国双金奖，团队成员中还产生了"2016

年第十届中国青少年科技创新奖"获得者。

一个不合理的超市低温陈列柜，引发科研探索

2010 年，大二学生张柔佳同学在超市偶然发现水产品低温陈列柜存在诸多不合理的地方，回校后和专业教师韩志博士进行探讨，大家觉得这个问题值得研究。由此，1 个指导教师和 10 个学生组建了一支研发团队，这就是"水产品冷链物流创新团队"的基本雏形。

团队在进行多次超市实地调研后，归纳总结低温陈列柜存在的三大问题：玻璃门处冷量散失较大；空气幕的气流组织不合理，噪声大、耗能多；顾客购物后容易忘记关门，时间长了后易导致低温陈列柜内海鲜融化变质。团队成员针对这些不足进行了反复实验与对比研究，巧妙地设计了风幕装置、气流加速装置和玻璃门自动感应系统等，研发出新型的节能低温陈列柜。该作品于 2011 年 5 月获得了浙江省"挑战杯"竞赛一等奖。同年 7 月，团队又参加了中国制冷空调大学生科技大赛，与上海交通大学、浙江大学、同济大学等"985"高校学生同台竞技，获得了全国创新设计冠军。同年 11 月，在韩志博士的指导下，张柔佳同学作为负责人正式成立"水产品冷链物流创新团队"。

团队初期以学生自主报名为主，后来随着团队的逐渐发展，很多学生都想加入。为选拔优秀的跨专业成员并逐步形成梯队，现在多采用成员推荐和教师推荐相结合的形式。"硕士带本科、高年级带低年级的体制，培养了具有坚实的理论基础、正确的创新思维、良好的科研习惯并具有一定的独立研究能力的学生。团队中的大部分学生毕业后选择继续深造，团队首任负责人张柔佳目前正在攻读涉海学科博士学位。通过优秀学生的榜样力量，达到以点带面，全面提高学生的创新创业水平，最终提高人才培养质量的目的。"韩志如是说。

成功研发海水流化冰机，团队实力再增强

舟山群岛渔业资源丰富。从 2013 年开始，团队经过调研发现，目前市面上的

渔船捕鱼时以传统冰块保鲜为主要手段，由岸边的制冰厂先把自来水冻结成大块的冰，然后用碎冰机打碎，最后铺在鱼表面冷却。由于冰块和鱼体无法充分接触，降温速度慢。冰块的棱角也容易导致脱鳞，甚至刺破鱼皮。制冰还会消耗海岛宝贵的淡水资源，而且冰块体积大，运输困难。为方便渔船携带冰块出海捕鱼，团队开始研发直接利用海水制取流化冰。在一系列的实验后，他们通过添加固体微粒促进结冰，成功地解决了海水制冰时过冷度大的问题，但是固体颗粒的添加带来了水产品的安全问题，设备出海也需要船舶的动力配合。

团队遇到了成立以来最大的困难：知识结构单一，难以解决复杂的实际问题。于是根据项目研发进展，团队相继邀请了食品加工、船舶制造和轮机驾驶等专业的4位教授、博士参与指导教师团队中，其中博士生导师邓尚贵教授不仅悉心指导，还给团队注入8万元的研发经费，帮助团队克服技术瓶颈。团队最终成功研制了渔船用海水流化冰设备。该项目获得2015年"挑战杯"大学生课外学术科技作品竞赛浙江省、全国双特等奖，团队负责人周云获得了"2016年第十届中国青少年科技创新奖"。

该项目受到人工降雨的启发，向空气中添加固体小颗粒，可以加快形成液体雨滴的三相变化。团队成员开始思考：向海水中添加小气泡，是否可以加快形成固体冰颗粒，完成一个新的三相变化呢？小气泡真的可以成为新的成核剂解决海水过冷度大的问题吗？但如何向海水中添加小气泡，气泡大小的可控性和产生的稳定性都成了团队成功路上的绊脚石。正在团队一筹莫展之时，转机出现了。在收拾实验室的过程中，团队成员归宏伟注意到了一旁的超声波清洗机，正在清洗的试管内壁上出现了持续微小的气泡。他立刻意识到如果能将超声波应用到试验中，得到的结果可能是令人振奋的。经过反复实验后发现，超声波作用于海水，可以成功消除过冷，制取海水流化冰，真正零添加的"空气冰"成功问世。

研发速冻加工之后，走向创业之路的思考

大众创业，万众创新。大学生创新研究后，一些团队会将科研成果的知识产权通过申请专利进行保护，结合市场实际需求，利用国家对大学生创业一系列的支持政策，注册公司进行创业。该团队的创业之路也是水到渠成。

2015年，团队调研发现，现在绝大多数水产品的保活方式还局限于传统的冲氧加冰，存在运输不便、易感染、存活率低等问题，导致利润降低。团队开始研发鱼体速冻保活技术。通过快速将活鱼冷冻，让活鱼处于类似休眠状态，当鱼运输到目的地后，在常温下解冻复活，达到活体运输的目的，研发成功后并设计定制了设备样机。在学校的支持下，注册成立舟山中安冷链设备有限公司。该公司的创业计划荣获2016年"创青春"大学生创业大赛浙江省、全国双金奖。

随着市场需求的变化，团队发现保持新鲜更可靠的方法是液氮速冻，尤其是渔船出海捕捞时。液氮速冻因速冻食物品质好、冻结速度快、干耗小、设备稳定可靠和操作方便等优点，被称为目前制冷行业最有潜力的技术之一。但也因其使用成本高，制约了该技术在水产品保鲜中的应用。团队对现状进行分析，发现该技术存在液氮利用率低、液氮储存困难、液氮速冻设备机型过大等缺点，使其在渔船上的应用推广受到制约。针对这些缺点，团队研究了螺旋式液氮速冻机的翻面装置设计。速冻过程中水产品通过翻转，达到了双面冷却节能的效果。同时，对气流组织进行优化，选用新的气流组织形式，并通过实验验证共计可节约液氮量达20%。团还提出了将六自由度平台结构应用于液氮罐的设计方案，提高了储存液氮的安全性。结果表明，团队的研究有效提高了渔船用液氮速冻设备的液氮利用率，对液氮速冻设备在渔船上的应用起到了直接促进作用。

目前，团队的创新成果应用于浙江兴业集团、舟山国家远洋渔业基地和舟山鑫海水产等5家企业，已为企业带来超过500万元的效益。"创业让团队的创新更接地气，更有目标性，走出自娱自乐式的创新研究误区。同时，也进一步促进团队从市场中寻找急需解决的、有现实意义的、能够服务区域产业经济的项目。创新和创业联系起来后，良性循环，学生的成就感增加了，动力也更足了。"学校原党委副书记吴中平如是说。

学校出台《大学生创新创业工作管理办法》，明确了该团队创业支持体系和研究经费来源。团队还开展了"切割冷冻水产品用水刀""高附加值农产品跨国电商用低温箱"和"水产品低温干燥设备"等12个创新项目的研发；团队研究成果得到浙江省副省长成岳冲、团省委书记朱林森和省海洋与渔业局总工程师孙晓明等领导的高度评价，被《中国青年报》《中国海洋报》和浙江电视台等新闻媒体多次报道。

立足海岛渔业，加快水产行业升级，助推海洋强国战略，培养海洋创新创业人才，"水产品冷链物流创新团队"正行进在"懂海、爱海、用海，创新和奋进"

的科研之路上。

> **评述：**
>
> "水产品冷链物流创新团队"是一支从事科学研究与创业活动且成果俱佳的团队，团队成员不仅个个品学兼优，而且团队凝聚力、合作精神强，分工明确，非常好地落实并发挥"传、帮、带"作用，工作氛围非常融洽（这往往也是出成绩的主要标志），当然也离不开导师们的悉心指导与帮助，这刚好印证了"众人拾柴火焰高"的道理。
>
> 一次偶然的机会，"水产品冷链物流创新团队"成员发现市面上的渔船捕鱼时以传统冰块保鲜为主要手段，由岸边的制冰厂先把自来水冻结成大块的冰，然后用碎冰机打碎，最后铺在鱼表面冷却。由于冰块和鱼体无法充分接触，降温速度慢。冰块的棱角也容易导致脱鳞，甚至刺破鱼皮。制冰还会消耗海岛宝贵的淡水资源，而且冰块体积大，运输困难。为方便渔船携带冰块出海捕鱼，团队开始研发直接利用海水制取流化冰。在一系列的实验后，他们通过添加固体微粒促进结冰，成功地解决了海水制冰时过冷度大的问题。同时，他们团队不断改进技术投入，经过反复实验，利用超声波作用于海水，成功消除过冷，制取海水流化冰，使真正零添加的"空气冰"成功问世，给出海捕鱼的渔民带去了技术。
>
> "水产品冷链物流创新团队"正是从"发现问题、解决问题"出发，充分运用专业知识，解决当地渔民的生产、生活实际问题，不仅让团队的创新接地气，更有目标性，而且逐步走出自娱自乐式的创新研究误区。同时，也能促进团队从市场中寻找急需解决的、有现实意义的、能够服务区域产业经济的研究成果落地，具有很强的现实意义。目前，他们团队还在努力推进产品落地、制作便携式制冰机、与渔民合作等方面的工作，同时也在推动水产行业升级、培养更多的海洋创新创业人才等方面做一点实事。

创业故事 13

实现养殖废水零排放的清川科技团队

近年来，我国水产养殖业发展迅速，养殖产量占全球的60%以上，在保障国家粮食供给方面发挥了重要作用。然而，水产养殖业在满足了人们物质需求的同时，其废水排放也带来了严峻的环境问题。养殖废水中最大的问题是氮磷含量的超标，现有的处理工艺还不尽完善，如好氧污水处理法，虽然处理效果较好，但日均处理量有限，工程占地面积较大且运行和管理成本费用相对较高。因此，开发一种高效降解养殖废水氮磷的菌株，成为当前养殖废水处理的研究热点。

针对这一现象与问题，在指导老师储张杰教授的指导下，学校成立了以水产养殖专业研究生为主，本科生参与细节研究的7人创新团队。在3年多的时间里，通过大量的实验研究，开发了一套利用土著生物菌剂净水的生态操控系统，成功地将养殖废水中的氮磷及有机物有效地转化为蛋白质，通过生态湿地可以为渔民增加近3000元的收益。该系统成本低、操作方便，实现了养殖废水的综合利用，具有良好的经济效益和社会效益。如今，他们已经在十余家养殖场进行推广应用，帮助5家养殖场设计解决方案。

为了做好生物净水微生物菌剂的研发工作，2015年10月，团队一行调研了浙江省内31家养殖企业，发现它们排放的养殖废水的氮磷含量均远远超出了排放的标准值。团队的调研主要基于以下目的：通过深入细致的调查研究，更好地了解当前养殖户对养殖废水的处理现状及遇到的问题；了解养殖场周边村民对水环境的满意程度；提高对身边环境问题的关注，唤醒人们的环保意识，增强人们治理污染的紧迫感和危机感；提出解决水体污染的应对策略。

养殖废水必须经过处理后才能排放，目前主要的处理方法有好氧污水处理法和厌氧污水处理法，好氧污水处理法的脱氮效果好，但是日均处理量有限，且占地面积大，成本高（前面已有提及）；厌氧污水处理法对有机质的处理效果较好，但是对氮磷的处理有限。

由于现有的方法都存在一些弊端，众多养殖户不愿意进行养殖废水处理，而是直接排放到江河中，经常有养殖户因排放污染环境的养殖废水而被罚款，甚至污染严重的养殖场被迫关闭。

在导师的指导下，学生团队开始思索并寻找一种成本低、效果好，而且愿意被养殖户接受的方法。通过查阅大量的国内外文献，他们发现在池塘污泥中存在的许多细菌对水体中的氮磷有明显的降解效果。他们在污泥中分离出了185种菌株，经过各类生理生化鉴定、近千次菌株筛选和效果检测，发现5号和11号菌株降解氮磷效果最为明显，最高可以达到58.9%，于是将其优化培养并进行保种。

同时，为了使菌株能够达到更好的效果，学生团队经过大量的实践，并在储张杰教授的指导下创建了基于养殖废水零排放的生态操控系统。该系统由养殖池塘、生态沟渠和生态湿地组成，养殖池塘中的废水先排向生态沟渠，利用其中投放的微生物菌剂对氮磷进行第一次降解，施用5天后，其降解率即可达到50%~60%。处理后的水再排向生态湿地，在生态湿地中种植莲藕、茭白等农作物，同时投放滤食性的鱼类及贝类进一步吸收转化剩余的氮磷。经过生态沟渠和生态湿地处理后的氮磷降解率可以达到80%以上。此时的废水可以直接达标排放，或者重新注入养殖池塘实现零排放，而且其维护方便、成本低，最重要的是每亩生态湿地还能为农民增加近3000元的收益。

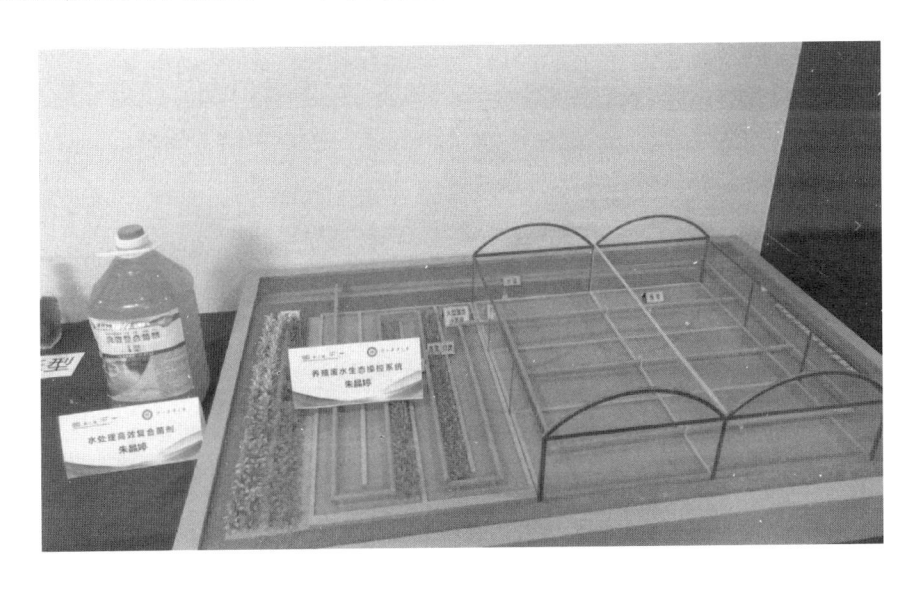

为了更好地推广成果，增强学生的团队协作能力，自 2017 年 2 月起，学生团队负责人成立了"舟山清川生物科技有限公司"，并进行生物净水微生物菌剂的开发。此外，该技术还可以推广到城市河道的生活污水治理中，当地市政府周边 6 条河流已经采用他们团队研发的技术进行河流治理，取得良好的效果。该团队开发的基于养殖废水的零排放生态操控系统，在养殖废水处理效率、成本等方面具有较大的优势，且易于操作和管理，这套处理系统已申报 5 项专利，其中 3 项已获授权。他们相信零排放生态操控系统将来能够推广到更多的地方，为解决我国养殖废水的排放问题尽绵薄之力。

在导师储张杰教授的引导下，学生们发现养殖废水排放带来了严峻的环境问题，并结合自己所学的专业知识，分析养殖废水危害及目前处理存在的问题，研究与设计解决方案，最终注册成立公司，该团队参加 2017 年浙江省大学生课外学术作品竞赛获得一等奖，当年还赴上海大学参加全国"挑战杯"大学生课外学术作品竞赛并获得了三等奖。

> **评述：**

大学生水产养殖清川科技团队是一个兼具从事科学研究与创业活动的创新团队，除了团队导师储张杰教授具有渊博的专业知识外，团队成员是清一色的学习标兵（因为选择了水产养殖专业，也就意味着选择了艰辛的工作），个个踏实肯干，而且非常投入与努力，真正地属于那种"不求回报"的类型。

自从选择了与储教授一道开展研究如何降低养殖废水的排放，清川科技团队始终秉承科研人的特点，不畏艰辛，走出实验室，走向养殖场，帮助养殖户解决养殖废水的排放问题。这个问题既是一直困扰当地养殖户的难题，也是当地政府愚而未决的问题，同时也结合了当下我省"五水共治"的大形势和大背景（生态环境建设至关重要，不是儿戏，事关子孙后代）。清川科技团队经过数百次实验，终于成功地提炼出了菌种，对于降解养殖废水中的营养物质具有非常好的效果。同时，在此基础上，他们团队再接再厉，成功开发出基于养殖废水零排放的生态操控系统，经过他们设计的生态沟渠和生态湿地处理后的氮磷降解率可以达到80%以上。废水可以直接达标排放，或者重新注入养殖池塘实现零排放，而且其维护方便、成本低，最重要的是，每亩生态湿地还能为农民增加近3000元的收益。因此，既实现了零排放，又实现了农类作物和水产品的双丰收。当然，养殖废水中是否完全清除了一些富营养化物质，达到一级水源的标准还需要专家的鉴定，但毕竟在实现自循环的回闭路上，进行了有效的探索与实践，得到了相关农业部门的一致好评。

清川科技团队将科研成果成功地实现转化，这是学生创业的又一个典型案例，我们希望科研成果既要"顶天"，又要"立地"，不能好高骛远，也就是要接地气，一定要指导生产生活，解决实际问题，而不是停留在实验室和书本上，不是"空对空"的理论成果。我们也希望大学生创业团队要像清川科技团队一样，在创业实践的道路上行稳致远，实现自己的理想。因为，我们作为创新创业教育的工作者，并不是说要大学生成立公司去创业，更注重的是创业的过程，在创业实践的过程中得到更多的体验，遇到更多的"人与事"，这才是我们的目的所在。

创业故事 14

深蓝创新创业团队学霸成创业黑马

"海参虽好价格高",在市场上一斤刺参动辄千元。有些专业人士讲,光参(海参的一类,俗称"茄子参")具有丰富的营养,而且价格便宜,更适合百姓消费。然而,光参因为表皮坚硬,难以软化,很难开发利用。

针对这一问题,学校的"深蓝创新创业团队"脱颖而出。2014 年 11 月,一群在校生获得了 2014 年"创青春"全国大学生创业大赛铜奖。之前,他们还荣获了浙江省第九届"挑战杯"泰嘉大学生创业计划竞赛特等奖。他们凭借的就是光参嫩化技术。一时间,这群"学霸"成了人们关注的焦点。

袁鹏翔是"深蓝创新创业团队"中唯一一名研究生,其他 5 名队员俞晓雯、王冰心、华杭、姚璐、王伯文当时还是在校本科生,来自不同的班级院系。

学校邓教授是"深蓝创新创业团队"的指导老师,在国内较早研究光参软化技术并获得国家发明专利。邓教授是"深海创新创业团队"的伯乐,他从 2009 年开始研究光参软化技术,证明了光参不仅含有与刺身同样的营养成分,并且具有比刺参含量更高的治病防癌成分。刺身产业的困惑,光参价值的发现,为东海光参的开发带来了契机,也带来了巨大的商机。2012 年 10 月,光参软化技术日趋成熟,邓教授便鼓励袁鹏翔等学生,依靠专业优势,组建"深蓝创新创业团队",进一步研发能够适应市场的光参产品。

2013 年 7 月,"深蓝创新创业团队"凭借过硬的专业知识,通过研发获得了"一种光参嫩化剂及其嫩化方法"专利,袁鹏翔和他的小伙伴们开始对"光参嫩化技术"进行再研发。可是一开始,队员们的热情就被"浇了冷水"。虽然东海光参资源丰富,但是由于没有市场价值,渔民就算捕捞到也会扔回大海。这样一来,怎样获得充足的原材料,成了摆在队员们面前的第一个难题。后来,还是一家与学校有技术合作的企业出面,请渔民帮忙才收集到足够的试验光参。

对"光参嫩化技术"的再研发，主要是通过单因数试验和正交试验，找出嫩化光参的一些最佳条件，包括温度、pH 值、压强、蒸煮时间等。例如，在保证温度、压强、蒸煮时间等条件相同的情况下，用不同的 pH 值进行试验，通过观测结果，确定最佳 pH 值。"每一次实验都要几小时才能完成，我们在 3 个多月的时间内，把所有的因素都验证完毕，做了几百次实验。"袁鹏翔说，实验具有连续性，不能中断，反复的实验十分枯燥，加上同学们还要上课，只能把上课、吃饭、睡觉之外的所有时间都用在实验上。

"对光参软化技术的研究，没有经验可以借鉴，我们只能不断地探索。"通过研发提升，"深蓝创新创业团队"的小伙伴们更加有效地解决了东海光参热加工收缩过大、表皮过于坚硬等难题，研制了冻煮光参和干制光参等新型海参制品，使"深蓝创新创业团队"成为国内外唯一拥有此项核心技术的团队。

2014 年，为了能在"创青春"全国大学生创业计划大赛中获得好成绩，"从 3 月我们就开始准备参加全国大学生创业比赛，常常带着电脑去院长办公室做策划，和老师一起吃外卖，我们还称他为'老邓'，感觉特别好。"这成为袁鹏翔这个春天最温馨的回忆。袁鹏翔说，计划书中的"公司"是一家专注水产品嫩化技术研发，依托嫩化技术生产优质水产品的大学生创业企业，注册资本 150 万元，坐落于浙江舟山群岛新区，邻近海产品捕捞地和养殖地。公司成立初期采用经销的模式，解决成立之初的销路问题。"项目产品所应用的技术在国内均属于首创，目标市场主要包括大型食品经销商、大型超市、食品生产商、大众消费群体等。"说起这些，袁鹏翔的脸上一片神往。

凭借袁鹏翔和队友们策划撰写的《舟山深蓝水产品嫩化科技有限公司创业计划书》，"深蓝创新创业团队"像一匹"黑马"，跑出了校园、闯出了浙江，在 2014 年"创青春"全国大学生创业大赛中脱颖而出，吸引了水产企业的目光。

同时，"深蓝创新创业团队"在充分研究了光参的营养特性和加工特性的基础上，又成功研发了光参保鲜技术、干制技术、生物酶解技术、胶囊化技术，申报了 7 项国家专利。团队利用这些新技术不断完善创业计划，研发出更多精深加工产品，如蛋白粉和开袋即食类产品。

"深蓝创新创业团队"还与浙江舟山立洲水产有限公司签订了代销合作意向书，借助其国内外营销体系使"深蓝创新创业团队"研发的产品在海外市场打开销路。"中试期间产品冻煮光参和干制光参品主要销往韩国，反馈结果得知，光参产品受到了很多韩国人的喜爱，我们需抓住这个机遇正式开拓韩国市场。"袁鹏翔对东海光参产品和"深蓝创新创业团队"的前景都十分看好。

> **评述：**
>
> 袁鹏翔品学兼优，既是一位学术标兵，也是大学生心目中的学习榜样。袁鹏翔个子很高，估计有 1 米 85，瘦瘦的，对人非常和蔼可亲，学弟学妹们很敬佩这位学长。从创业的历程来看，袁鹏翔的创业经历与大学生冷链物流创新团队以及大学生水产养殖清川科技团队等团队一致，就是把专业知识、科研成果成功地转化，并落地成公司。他们主要利用研发的技术，把原先当地渔民丢弃的东海光参，变废为宝，特别是解决了东海光参热加工收缩过大、表皮过于坚硬等难题。虽然东海光参资源丰富，其不仅含有与刺身同样的营养成分，而且具有比刺参含量更高的治病防癌成分，但是由于煮熟后吃起来比较硬，渔民朋友们不会珍惜，而且需要用技术的手段才能提炼出来。因此，袁鹏翔团队成立了舟山深蓝水产品嫩化科技有限公司，把成功研发的产品进行公司化运作。后来，他们团队还成功研制了冻煮光参和干制光参等新型海参制品。
>
> 后来，由于技术和产品相对单一，再加上学业的关系，他们团队成员纷纷离开，没有把公司继续运营下去，经过商议，他们选择以技术入股的方式把光参软化技术等核心技术转让给当地公司。袁鹏翔选择了进一步深造，考了博士研究生，毕业后还回到母校当了一名教师，继续带学生从事科学研究。
>
> 这也是一个成功的创业案例，虽然没有一直进行下去，但他们非常珍惜创业的过程，特别是在创业中，他们得到了锻炼，结交了友情，收获了知识。

创业故事 15

小伙的无人机"飞翔"路

虞昊迪，1994年出生，舟山远景电子科技有限公司负责人。

头顶上的天空是否能够缔造一个新的行业？无人机领域也许就有这样崭新的未来。虞昊迪，2013年开始创业，他的无人机项目获得了不少国内外资本的青睐。他瞄准无人机电池续航、配件等当前该产业的技术薄弱环节，孜孜不倦地研发，将团队做大做强，开辟创富之路。

"现在无人机市场很成熟，但电池继电能力差。飞行器在空中的时间一般只有20多分钟，需要返回地面充电或者更换电池。"为了打破这一技术瓶颈，虞昊迪花了近两年的时间研发航模电池平衡充，实现飞行器在空中充电。这个航模大功率智能平衡充电器是所有锂电池组需要的充电方式。他介绍，通过这种方式充电，能做到0.001 V的平衡精度，且安全防护多，充电效率高。该充电器通过内置6

路充电电路为每节电池配置专属充电回路，实现互不影响。此外，还能实时显示每节电池的充电状态，支持范围广，支持 1s 到 6s 锂电池充电。

虞昊迪从高中起就对航模产生了浓厚的兴趣，大学期间申请了相关的选修课程。大一时，有学长看到虞昊迪制作的遥控器，邀请他加入团队参与无人机研发。研发路上困难重重，虞昊迪说："相比于深圳等大城市，在舟山购买器材很不方便。有时候，只能批量买来备着。"对虞昊迪来说，除了上课、吃饭、睡觉外，其余的时间都花在研发上。"动手操作远比理论来得更实际，为了开发新产品就要了解最前沿的信息，这些都是书本上学不到的。尽管花的时间很长，中间也经历了无数次的失败，但是当产品研制成功的时候，那种自豪感和成就感是无法言喻的。"

短短几年，虞昊迪的团队已经拥有无人机整机、多轴云台、高清图传、地面站控制系统等产品体系，其产品涉及警用、消防、农业等十多个领域，并仍在拓展新的领域。为了将自己的研究成果转化为创业项目，在老师和同学的帮助下，虞昊迪和志同道合的学长成立了舟山远景电子科技有限公司，又请了 3 名研发人员来壮大自己的研发团队。

2014 年，虞昊迪的团队组装了一架无人机，以 15 万元的价格卖给本地一家企业。因为配件都是从外面买回来的，整架无人机的利润只有 2 万元。无人机的玩法有两种，买整机或是买配件组装。现在无人机市场很火爆，大的生产厂商更专注于做整机，而虞昊迪认为，无人机配件反而是市场的薄弱点，他想力争成为无人机市场的上游供货商。"原来的无人机航拍，拍出的照片不稳定。我们设计的三轴云台，可以抵消无人机的震动，增稳效果远胜普通两轴云台。"虞昊迪说，云台采用全封闭电机驱动，能有效隔绝沙子、灰尘、铁屑等颗粒物，从而能减少故障和伤害，延长使用寿命。在数据传输方面，他们研发了 X-ROCK 无线数传蓝牙电台。这是一款专门为 APM、PX4 和 PIXHAWK 等开源飞控系统与地面站之间进行实时数据交换而设计的无线通信模块，具有体积小、功耗低、数据传输率高、性能稳定、抗干扰能力强、通信距离远等特点，能给用户带来更好的使用体验。产品目前有两种功率版本，100 MW 的传输距离在 800 m 左右，500 MW 的传输距离提升到 2000 m 左右，支持安卓手机无线连接。由于性能优异、使用便捷，近年内卖得比较好。虞昊迪认为，目前无人机配件的性能还有很大的提升空间，他们不仅仅研发了一代，后面几代还在不断地研发升级中。

磨刀不费砍柴工。在无人机市场快速发展的背景下，前几年虞昊迪的团队沉下心来搞研发，现在他们逐渐将重心转移到销售上。2015年，虞昊迪的团队在淘宝上的收入为49万元。除了淘宝外，线下的营销也顺利推进，他们还承接一些大公司的配件订单及私人订制，总销售额约200万元。2016年，他们获得两家公司各200万元的订单，销售收入达到600万元。

虞昊迪对团队提升无人机性能充满信心，这源自团队拥有一群痴迷无人机的研发人员。他坚信，只有把技术提升上去，市场才能做大。

评述：

笔者与虞昊迪同学接触不是很多，但从他同学的介绍中，感觉他是一位技术能手。他个子不高，戴一副眼镜，与人交流也不多，平常喜欢待在实验室做实验，捣鼓一些实验器材，好几次由于把多组电子元件搞坏了，被导师严厉批评，但他总还是笑嘻嘻的，情绪丝毫不受影响，这也确实没什么大不了的，因为大学校园就是让学生锻炼动手的能力，容许学生失败，这也是教育的根本目的。

我们学校是一所海洋类院校，大都是一些海洋类或与海洋相关的专业，没有开设无人机或相近的专业。由于虞昊迪在中学期间就喜爱航模，一直就在玩航模，平常也经常在看一些航模杂志。自从上了大学之后，他选择了电子信息专业，刚好跟他的兴趣爱好结合在一起。有一次，他在校园里闲逛时，在学校的创业园区里看到了一家舟山锡利科技有限公司，而且是生产无人机的，这下可把他高兴坏了。他马上联系了负责人卫学长，加入了他们的团队，他原来在无人机和航模领域的研究，让他如虎添翼，使他在无人机探索的道路上越走越自如。

后来，他了解到目前国内无人机市场饱满，基本上已经被大型企业如大疆等占领，可他找准了做无人机配件这一细分领域，再加上他良好的售后服务，迅速占领了当地及周边的一些市场。同时，有些客户也需要一些整机，因而虞昊迪的无人机团队逐步走上了正轨，产品效益明显，成为同学们心目中的"佼佼者"。毕业后，虞昊迪继续在无人机配件领域发展，在实现个人理想的道路上不断地前行。

创业故事 16

做创客的财务"e"管家

当前,随着经济的发展,大众创客不断涌现,而众多的中小微企业由于通常不具有设置独立会计核算系统的能力,市场对代理记账、财务服务的需求不断提升。当信息技术突飞猛进,对财务信息的要求进一步提高时,传统代理记账公司存在的众多问题开始暴露,如进入门槛较低、机构规模小、业务单一、风险较高、无序化竞争等。受限于时间与空间的传统代理记账公司必将无法适应经济发展的需要,行业改革迫在眉睫。

卓诚财务咨询创新团队发现传统代理记账公司在面对新的经济环境时暴露了不少问题,如代理记账信息反馈滞后、与客户联系时效性差、工作效率低下等,他们敏锐地捕捉到了这个商机,在互联网双方信息交互这方面进行新的开拓,发展综合互联网财务产品,利用专业技术,开发互联网平台,为客户提供线上和线下最有效、最快捷的互联网财务服务,并将大众创客作为他们的第一目标市场。

将"互联网+"引入传统财务行业,是他们区别于传统财务服务产品的一大特色,在当地还没有其他任何一家财务公司为客户提供综合互联网财务服务产品。为了更好地开展财务咨询工作,卓诚财务咨询创新团队于2015年成立了卓诚财务咨询有限公司,经营传统的代理记账、财税咨询等业务。公司成员主要为在校大学生,分别来自财务管理、计算机技术、市场营销、文秘等专业。他们还率先开发了集财务查询、财税咨询、财会培训、企业投融资中介等为一体的综合性网站。"会员用户可以通过这个系统,将票据用照片、邮件等方式,上传到中心,我们归档处理,无论什么时候只要客户打开软件,初创企业主通过自己的VIP账号就能实时查看本企业的明细报表。"公司负责人解释道。

他们公司借助金蝶会计核算系统，以网络平台为核心，建立了以网站、微信为载体，一体化的查询、培训、中介互联网财务平台，可为客户在线提供包括：代理记账业务，可实现实时原始凭证、单据上传；实时财务信息查询；财务专家咨询；财务分析与税收筹划；财税政策解读；投融资中介服务；多平台广告服务等多项内容。借助这些产品，他们突破了传统代理记账公司在时间、空间及业务上的限制，为大众创客的发展保驾护航。同时，他们为取得客户的信任，还免费为目标企业做一个月的账，取得对方的信任后，再继续为其提供服务。"很多创业公司之前没有系统地做过账，账目混乱，我们一接手，将他们的账全部查一遍，然后进行更正。虽然自己很累，但是也很有成就感。"公司负责人解释道。

他们在获得经济收益的同时，还获得新区首届青年电商创业大赛创业组一等奖，而且得到了媒体的普遍关注，中国教育在线浙江站刊登了《浙江海洋大学"卓诚财务"创业团队 互联网时代下大众创客的财务管家》专题报道。目前，他们公司已吸引50多家企业进驻，现有员工7名，并配备2名注册会计师进行工作指导与业务培训，累计实现营业收入80余万元，未来每年收入增长将达到50%~80%。

随着我国经济的快速发展和市场体制的完善，我国资本市场呈现空前的活跃，涌现了大量财务服务企业。财务服务企业已不仅被视为市场经济的服务者，追逐盈利的第三产业，更是连接企业和政府、投资者和经营者之间的桥梁和纽带。

评述：

卓诚财务咨询创新团队是一家基本以学校财务管理专业学生为主的会计公司，他们竭力以为中小微企业服务为宗旨，通过线上线下等方式解决中小微企业财务管理的后顾之忧。自成立以来，凭借过硬的本领，在导师（注册会计师）的专业指导下，累计为100余家中小微企业做好会计记账服务，赢得了他们的一致好评。

可以说，卓诚财务咨询创新团队是一个非常好的团队，既为财务管理专业的学生提供了实习的机会，又实现了校园与社会的良好对接。做财务会计工作，本身就是要与数字打交道，而且要仔细、严谨，来不得半点儿错误，可能一个小数点的差异就会带来意想不到的后果。在这几年的时间里，他们从未与客户红过脸，从未失算过，每次都是细心加耐心，事无巨细，保质保量地完成任务，按税务的要求按时完成纳税工作。同时，很多学生通过在卓诚财务咨询创新团队实习，毕业后纷纷成功入职大型公司并做财务管理工作，还涌现了很多优秀学员，如陈思羽、葛玲燕等，她们在单位中表现优异，而且接手快、专业过硬、业务精湛，得到了公司领导的普遍好评，为母校增了光。

目前，卓诚财务咨询创新团队依旧奋战在学校创业园区内，他们的成员依旧忙碌着，而且他们总是忙到半夜，为他们的客户一遍又一遍地计算并核对，按要求完成任务。"铁打的营盘，流水的兵"，虽然一批又一批的成员进来又出去，有些甚至离开了母校，去了更高的职位，有了更好的追求，但他们的团队精神永存，那就是始终秉承"工匠精神",即严格以极致的态度对自己的产品精雕细琢,精益求精、追求更完美的精神理念,也是追求卓越的创造精神、用户至上的服务精神。会计从业者在日复一日、年复一年的工作期间,不能因烦琐而畏难,不能因杂务而分神,需要投入自己的全部身心,如临深渊、如履薄冰,兢兢业业、勤勤恳恳地处理每一笔账务,真实完整地记录企事业单位的资金流动和收支结算。其实,无论从事哪一项工作,都需要有工匠精神;无论哪一款产品,从设计开始,到投入生产,每一道工序和流程都必须倾注制造者百分之百的精力,都要全身心地投入,一丝不苟地操作,不断消除失误。这也是我们做人做事的最终目标。

创业故事 17

短视频领域的领跑者

"年轻时选择自己最想做的，就会有源源不断的激情和动力。虽然创业路上迷茫坎坷不断，但是珍惜并享受这个过程，每一次挫败都视作一种财富的积累。"在谈及创业过程的心酸时，蒋燕钟面带微笑淡定地说。他从大一开始接触做生意，不断在开阔眼界，提升认知。

蒋燕钟，浙江海洋大学 2021 届毕业生，一位敢梦想、愿吃苦的创业者。2017 年，刚步入大学的他早早萌发了做生意的念头，当其他同学还沉浸在大学的新鲜感中，他已经开始和舟山当地的人交流如何做学生的生意，在发现娱乐的缺乏后，就立马在学校外做起了大学生聚会小轰趴；发现舟山兼职的需求后，立马开始搭建兼职平台等。在大学期间，他也经历了多次创业失败，但从来没有动摇过创业的想法或停止前进的脚步。相反，在挫败中，他练就了一股越挫越勇的强大韧劲。挫败对于他而言，成了一种助推他在创业路上快速成长的高品质营养剂。

2018 年，蒋燕钟开始参与各类创新创业大赛、论坛、T-LAB 创业营/TLAB 创投实验室，真真切切地参与一些好的创业项目中，从那时开始，他也真正理解了创业。2019 年，蒋燕钟在学校结识了一位正在创业的重庆学长，这个时候他学长的公司正面临一系列问题，他选择加入学长的公司，此时公司也从学校的创业园区搬了出去，正式拓展校外市场，吃住都在一间不到 50 平方米的办公室。蒋燕钟加入后，担负起地推的重要责任，不久开始在本地市场有了起色，市场占有率不断提升，当年公司营业额突破 100 万元。蒋燕钟发现这样的传统行业的瓶颈很快就会到来，加上不是本地人，在资源层面上也有缺乏，此阶段业务发展已经开始吃力起来，这必将影响公司的发展。

于是，蒋燕钟开始把目光转向新领域。2019 年 10 月，他碰到一位商会投资人，对方和他一样，恰巧也对短视频行业中的网红经济充满强烈信心，就这样，双方一拍即合，达成合作伙伴关系。他们下定决心通过几方资源将企业做大，团队成员都激情澎湃，开始规划整个新成立公司的发展方向，并和投资合伙人一起建立了一个全新品牌。

在他们团队的事业蒸蒸日上之时，2020年上半年，突如其来的新冠疫情，对他们的事业造成了重大的打击，所有的投资费用全部打了水漂，无法为客户服务，还产生了大量的违约金，失去很多的客户资源。但是他们没有放弃，依旧不断寻找新的出路。

由于新冠疫情过于严重，学校没有开学，所以蒋燕钟一直待在老家重庆，因此他们团队就通过线上办公来维持运行。此时他发现抖音短视频用户量猛增，而且许多商业化的东西也在短视频里出现，因此，他在家也开始尝试做抖音号，起初几个月做了六七个账号没有一个成功的，但是他坚信这个新领域一定是个机会。于是在每个失败的账号里找原因，脑子每天24小时只有抖音，半个月后，他发现自己疯狂掉头发，但还是没有影响他做账号，不久，他慢慢开始摸到了一些窍门，很快抖音账号做到了10万粉丝。

一个月后，他的抖音号粉丝数到达 20 多万，同时自己运营的其他账号也有几万粉丝，他知道自己不是靠运气涨的粉丝，紧接着，他发现做账号必须有变现能力，通过分析账号，他觉得要开直播，于是开始摸索抖音直播的规律与规则，很快开始变现了。他又开始思考通过抖音打造 IP，就像一个行业沉淀积累客户一样，最终的目的是让他们消费。由于 2020 年 4 月时抖音小店注册没有限制，并且抖音还推出了罗永浩直播卖货，给蒋燕钟的第一感觉就是短视频电商的时代要来了，于是他立马申请办了线上营业执照和食品经营许可证，将抖音小店开通，通过抖音直播带货家乡的产品，不出所料，直播带货很顺利。等到新冠疫情得到控制，学校开始报到开学，他立马动身回到舟山。

在新冠疫情暴发这段时间里，抖音日活用户高达 5 亿，这是一个巨大的商机，蒋燕钟带领团队打造短视频账号，通过互联网平台直播带货舟山海鲜，他注册了舟山市大浪文化传媒有限公司来运营团队。

他的公司定位为"赋能商家/企业转型短视频内容＋直播营销"，以"流量传播形象，内容点亮价值"为理念，综合运用短视频新媒体策略，以流量为武器，深刻诠释企业的市场地位和品牌价值。

他们现阶段已经拥有优秀的"短视频+直播团队"、专业的 IP 孵化能力以及丰富的商业变现经验。

如今，蒋燕钟依然执着地奔跑在他的创业路上，越来越多的新成员加入进来。他在创业这条路上不断学习，将每一次挫败都视作一种财富的积累。

> **评述**：
>
> 蒋燕钟是学校 2017 级轮机专业的学生，眼睛小小的，戴着一副眼镜（看上去眼睛就不那么小了），个子瘦瘦高高的，说话不紧不慢。他来自山城重庆，言语中丝毫没有川味，虽然选择了轮机专业，兴趣点却没在专业上，所以在大学期间一直从事社会活动，积极参加社团，这锻炼了他的组织能力。

笔者在2020年上半年有一次去看望创业者的时候，在他的公司碰到"小蒋"，无意中聊起了他所学的专业、从事的工作，让人想不到的是，他竟然对短视频领域研究独到，而且技术过硬，非常看好短视频未来的发展前景，而且对短视频影响居民日常生活的远景也有自己的见解。

"小蒋"正是发现了短视频未来的发展前景，而大量的传统企业及广大农村地区都需要这些平台来推广他们的产品，因此也需要大量的电商直播人才，"小蒋"找到了自身的价值与定位，他投入大量的时间与精力分析研究抖音等短视频平台，并迅速掌握了短视频平台的一些核心技术。目前，他正逐步扩大团队规模，有条不紊地向前推进。我们相信，时代属于"小蒋"他们这一代的创业者。

创业故事 18

做水下遨游的梦想者

　　智慧海洋是"工业化+信息化"在海洋领域的深度融合，也是全面提升经略海洋能力的整体解决方案。海洋高端装备的研发制造更是开发海洋、经略海洋的重要支撑。2016年9月，一支特聘专家徐毅领衔的舟山市"5313"计划领军人才项目团队，也就是舟山遨拓海洋工程技术有限公司落户中国（舟山）海洋科学城，主要开展《应用于深海油气开发的轻作业级 ROV 系统》的研发制造。当时刚刚升入大三的陈超，因为具备较好的写作能力，在朋友的推荐下进入刚刚落户舟山的遨拓公司实习。世界就是这么奇妙，一名食品科学与工程专业的本科生却与海洋高端装备制造、水下机器人研发这些本该非常陌生的领域产生了化学反应。

起初，陈超对水下机器人技术领域还是比较陌生的，所以实习的工作方向主要定位在科研管理和市场运营，在遨拓公司这样一个非常高的发展平台上的收获是巨大的，两项工作的不断积累让他对水下机器人技术领域有了更加宏观的认识。出色的工作能力也让他获得了领导的认可，并正式成为遨拓公司的一员，这也开启了他的海洋创新之路。

如今，舟山遨拓海洋工程技术有限公司已经发展成为国家"863"计划产业化项目系统集成和应用基地、高新技术企业、浙江省科技型企业、舟山市领军人才企业、浙江省"好项目"舟山赛区冠军，入选舟山市 2017 年"科技创业企业"助飞计划培育名单，并通过美国船级社（ABS）ISO9001 质量管理体系认证。公司现有员工 14 人，技术人员比例为 80%，硕士以上学历 5 人；已授权软著 10 项，实用新型专利 19 项，申请发明专利 16 项，承担浙江省重大科技专项（2017—2019）"适应海洋复杂环境下的海管检测型无人水下潜航器研发"；浙江省软件创新能力产业化项目（2019）"水下机器人－缆控无人潜航器（ROV）辅助领航系统产品化开发"等多项省部级科研项目。融合国际化研发团队和先进技术，陆续完成了系列化水下潜器的总体设计集成、高精度水下检测仪器系统集成等关键技术的攻关，以创立国产品牌为目标，开展项目水下潜器系统的工程应用技术开发和产业化推广。作为遨拓公司的总经理助理（全权负责舟山各项事宜），这样的成绩对陈超来说收获是巨大的，能力也有了质的提升。

正是基于对海洋科技领域浓厚的兴趣，陈超在报考研究生时转行，选择了物理海洋学专业中的声学海洋学方向，师从郑红教授，主要从事研发海洋声学探测设备等，并应用于海洋工程中。在企业、学校及老师等的支持下，陈超成立了舟山众星海洋科技有限公司，从事海洋声学领域的技术研发和工程应用，先后为舟山市经信局、浙江海洋大学、悬山海洋牧场等单位完成多次技术服务。

2017年年初，陈超还成立了上海荟蔚信息科技有限公司，致力于无人机、无人艇、无人船等设备的系统集成及立体化工程检测综合应用技术开发。他研发的水域环境综合监测系统主要应用于入河排污（水）口的全面排查（包括水上排口、水下隐蔽排口）、溯源，做到"控源截流"，从根本上解决河道、湖泊水质污染的问题，为修复水域生态环境奠定基础。水域环境综合监测系统主要包括4个模块，分别是：空中巡查模块（无人机搭载高清变焦图像捕捉系统）、水面巡检模块（无人艇搭载侧扫声呐系统）、水下探查系统（无人潜航器搭载声光探测系统）、陆上物探模块（三频脉冲探地雷达系统），高度智能化的作业系统大大降低了实地调查的工作量，提高了作业效率，系统的联合使用可对待测水域的排污（水）口的情况做到完全掌握，同时能够获取排污源头单位，为生态环境保护、治理、监管机构提供强有力的数据技术支持。获取的排污（水）口详细数据录入排污（水）口数据库，可通过移动客户端访问获取相关水域的排污（水）口情况（数量、位置、口径、入河类型、排放类型等）。他研发的融合无人机、无人艇、无人潜水器的系统模块，能适应多种作业环境，灵活性强，无人化、集成化程度高，可快速推广，并实现检测水域排污（水）口的"一网打尽"，获取水上排污（水）口及水下暗管的位置、口径、排污源头等，同时完成数据录入、详细编号、一键查询，为排查水域生态环境治理中的"控源截流"提供可靠数据，实现入河排污（水）口全监控。

功夫不负有心人，作为一家拥有硬科技产品的高新企业，屡次得到了省市领导、专家的一致认可，同时陈超也带队参加各类创业大赛，他的创业项目《智慧海洋–水下工程综合解决方案》《立体化河道综合监测系统》等先后获得了2018年"创青春"全国大学生创业计划大赛银奖、2019年中国浙江舟山群岛新区全球海洋经济大赛大学生专项奖、2020年中国浙江舟山群岛新区全国大学生创业大赛上海赛区冠军等，得到了行业内专家、学者的高度认可。

对于未来，陈超是充满希望的，20多岁是最好的年华，作为新鲜血液一定会在海洋创新的路上越走越实，越走越远。

评述：

陈超来自河南商丘，是一位个子中等、肤色黝黑的小伙子，还戴着一副眼镜。笔者与他交流时，他总是笑嘻嘻的，非常可爱的样子。而他对自己所从事的行业，在字里行间总是透着某种自信和成熟，完全不像一位在读研究生的模样。当询问他在大学本科期间所学的专业是食品科学与工程，却为何在攻读研究生时选择了物理海洋学专业中的声学海洋学方向时，他说是因为他从小就对水下机器人有着浓厚的兴趣，对声学领域未来的技术研发和工程应用也充满自信。虽然对于陈超来说，物理海洋学是一个与本科阶段截然不同的专业，想要弥补专业基础课程的内容，所要花费的时间与精力可想而知，可他就是有着不一般的求学精神。他爱钻研，在实验室里做实验一待就是一个通宵，可以为了某一个问题与导师、学长们面红耳赤地争论半天，而且丝毫不落下风，天生有一种不服输的气质与精神。在导师的指导下，他的专业知识提升速度非常快，加上领悟能力强，使他在较短的时间内就掌握了扎实的专业知识，加上他在本科期间就在实习单位学习的经历，也让他有了与其他同学不同的体验与感知。

后来，在导师与舟山遨拓海洋工程技术有限公司工程师的帮助下，陈超带领团队设计研发了水域环境综合监测系统，主要应用于入河排污（水）口的全面排查（包括水上排口、水下隐蔽排口）、溯源，做到"控源截流"，从根本上解决河道、湖泊水质污染的问题，为修复水域生态环境奠定基础，为一些企事业单位，如生态环境主管部门、水利主管部门等，解决了技术难题，同时也填补了国内在水下环境综合监测信息技术方面的空白。

可以说，陈超同学就是这样一个把所学专业知识与实践领域充分结合的典型，当然，这里面既有导师的指导，也有个人的天赋与全身心的投入，更有实践单位的配合与帮助，所以才成就了陈超在创业领域的优异表现。目前，陈超创立的这家公司，是学校在校生近几年来在创业领域的翘楚，而且是高新技术企业。陈超还有更高的学习追求，目前他正在复习，准备攻读同济大学的博士学位，继续在声学海洋学领域中深造。

创业故事 19

一位从事跨境电商的"小女生"

服装行业是一个满足人们最基本的穿着需要,以及能引导消费者消费趋向的行业。随着时代的发展、社会的进步以及人们生活水平的不断提高,人们对服装的消费需求也不断提高,从基本穿着向新颖多款式的中高档时装发展。服装行业是一个生活消费品行业,也是高利润行业。因利益的驱动与市场的需要,整个业态的设计、加工、市场推广、直营、加盟等不同环节,目前已经发展成相对完善且专业的群体。所以,服装行业的市场是非常有发展潜力的。

跨境线上销售依托互联网技术,结合国际贸易和电子商务的特点,拥有网络数据流优势和国际物流优势,大大改善了传统贸易的多环节、低效率缺点,进而得以高速发展。目前,我国跨境电子商务体系已经初步形成,并具有综合化、精细化、聚焦化等特点,随着我国跨境电子商务政策的利好,跨境电子商务必将迎来高速发展期。从跨境电子商务进出口结构来看,2015 年超过 70%的交易由出口电商贸易贡献,并且随着中国跨境网购市场的开放、跨境网购基础环境的完善和消费者跨境网购习惯的养成,出口跨境电商的发展前景良好。此外,随着全球网上购物市场的迅猛发展,消费和跨境网购需求日益强烈,诸多支付机构已经通过与海外电商企业及银行等金融机构合作涉足跨境支付业务,快速进入境外支付市场。

翁静娜正是看中了这一市场,并于 2017 年 2 月开始筹备成立进出口贸易公司,以公司化的运作向服装行业进军,在当年 6 月正式成立了浙江舟山华露进出口贸易有限公司。经过前期调研,翁静娜将公司的目标人群定位为 18~24 岁

的年轻女性。因为女性是服装行业的最大消费群体，而且女性具有很强的消费主动性，由于天生爱美的特性，她们购买潮流、时尚、新颖的服装频率较高，而且18~24岁的女性群体出现冲动性消费的情况较多，且有一定的经济实力去支持自己的消费欲望。翁静娜将产品分为4类：引流款、利润款、活动款、形象款。"引流款"具有价格竞争优势，以低价格、低利润来吸引顾客，从而提高销量和店铺影响力。"利润款"价格较引流款高，其突出了产品的卖点及特点，作为增加店铺营业额的主力。设置"活动款"以清库存、冲销量。"形象款"是部分高品质、高调性、高单价的极小众产品，目的是提升品牌的形象。

团队成员们齐心协力，自学成才，专门学习跨境电商视频课程，同时积极向老师讨教如何开设跨境电商店铺，加上外语专业的特长，她们在亚马逊、Ebay、Aliexpress等平台开设了店铺经营，其中以Aliexpress的店铺效益最高，每日的营业额可达500~600美元。为取得便捷的货源，翁静娜她们经过广泛联系以及朋友的介绍，最终与深圳市南山区韩鑫馨牛仔女装批发商行、深圳市奎安区西乡欧娅娅服饰厂、金华全拼电商管理有限公司、深圳市龙岗区诺之优服饰制衣厂、苏州艾尚唯美服饰有限公司等厂家，签订了货源及其他合作协议，力求以最优的质量、最低的成本获得最大的效益。同时，她们公司也与来自杭州、深圳、广州三大中国服装基地的一些厂家货源对接，经过团队人员挑选款式、验收品质，且与厂商协商后，以低成本进行采购。翁静娜她们合理确定了仓库地点，并由专门的公司承包，还计划在杭州、深圳、广州等地设立自己的地区仓库点，派公司里的专门人员管理物流。物流主要依托中国邮政、FedEx（美国联邦快递）、中俄航空、中东专线等，还与一些海上货代签订长期合同，以此来降低物流成本。

翁静娜她们公司还非常注重售后服务工作，安排正式人员为客户提供优质的服务，设有专人负责询单，即为客户推荐合适的尺码，解决客户关于产品的疑虑，还为客户处理退货、换货或退款等相关事宜。正是有了这些合理的定位，她们公司业务稳步推进，在旺季，她们公司店铺日营业额可达到15 000~30 000美元，12月份还达到了50 000美元，远远超过了她们的预期目标。

作为舟山本土企业，未来翁静娜她们还计划入驻自贸区，享受税收返点等政策福利，特别是在海关监管、检验检疫、退税、跨境支付、物流等方面能获得便利，实现公司的进一步发展。

> **评述：**
>
> 翁静娜是来自我校外国语学院的一位女生，灵巧兼具可爱，个头大概1米60，不胖不瘦。她从小在宁波生活长大，有女性爱美的天然特性，对服装品牌有一种偏好。来学校求学后，她就读于英语专业，但更喜爱商务英语，所以自学了商务英语专业的相关课程，因而具备了扎实的英语基本功、宽阔的国际视野和专门的国际商务知识与技能，初步掌握了应用语言学、应用经济学、工商管理学和国际商法等学科的相关知识和理论，还了解了国际商务活动规则，有了跨境商务交际能力。
>
> 因为家庭以及身边人的影响，她敏锐地发觉跨境电商所具备的前景，而且浙江地区服装企业多，特别是宁波和杭州地区的"宁帮""杭帮"服装已经逐渐在国内外打响品牌，杭州还有好多个服装市场，如四季清服装批发市场（享誉国内外），因此货源非常充足。翁静娜由于学习英语专业的基础，自觉了解与深入学习跨境电商平台，认真向计算机老师和一些学长学习电商平台运作的成熟技巧，转换速度非常快。本着边试边运营的心态，她成功地在多个跨境电商平台，如亚马逊、Ebay、Aliexpress开设了店铺，慢慢地总结了一些心得体会，同时她又得到了众多亲戚朋友的帮助与关怀，公司业务稳步上升，辛苦付出也有了很大的回报。同时，她开始招收学校的在校大学生帮助她处理一些公司的日常事务，并进驻学校的大学生创业园区，学校老师还帮助她联络当地自贸园区，极力争取政策上的支持。
>
> 2020年毕业后，翁静娜选择了去杭州创业，一方面因为杭州的税收政策等营商环境较好，另一方面也是由于服装货源、人力资源等多方面的原因。我们也希望她能在跨境电商领域发光发彩。

创业故事 20

在影视拍摄中找到自我

记得 2018 年那段时间，大家都在朋友圈里晒自己的 18 岁照片，缘由是最后一批"90 后"也已经成年，大家通过这种方式在向青春敬礼。除了 18 岁有张青春无敌的面庞外，回忆自己的 18 岁和大学时光，还有什么能串成时光的珍珠项链？

对何疆和杨柯权来说，他们的大学时光可谓精彩，目前他们已经成立了自己的影视公司——浙江独丽帧影视传媒有限公司，2017 年 11 月，还全程参与了央视四套《城市一对一》栏目的录制。

团队成员都不是科班出身

1994 年出生的何疆就读于行政管理专业，1995 年出生的杨柯权就读于机械电子专业。两人的专业风马牛不相及，但却因共同的爱好走到了一起，并合作开起了影视公司。能携手创业，两人的友谊自不在话下。他们回忆，大一时两人都因为兴趣爱好，加入了学校宣传部的欧讯社新媒体运营中心，没想到就此打开了他们的影视之路。在欧讯社新媒体运营中心工作的 3 年多时间里，他们成长了很多。刚开始，他们是完全不懂拍摄的"小白"，跟着学校老师、学长们一点点开始学起，后来参与一些活动的策划、执行、视频拍摄和剪辑等。学校这几年举办的樱花节，他们也都全程参与其中。"很感谢学校这个平台，让我们有学习、实践的地方。"何疆和杨柯权都感叹地说，要不是在欧讯社新媒体运营中心打下的基础，非科班出身的他们不会上手这么快。大四时面临择业的问题，何疆和杨柯权也做过很多选择，最后两人一起商量，把爱好变为职业，干脆自己创业去开一家影视公司！两人一拍即合，2017 年，他们在学校老师的支持下，着手开办了公司。开公司后面临着不同的挑战，与学校里的拍摄不同，商业片要求高、时限短。采访时，何疆和同伴们才刚刚赶完一部商业短片，正常情况下需要一个月完成的片子，他们一周就完成了，"对方非常满意。"说这话时何疆满面笑容。高效率、高质量的背后是他们付出的努力。据何疆介绍，除了他和杨柯权外，团队还有其他 6 名非科班的在校生，整个团队曾一起讨论脚本到凌晨 4 点，为了一个镜头反复拍摄几十遍。当所有的辛苦在成片顺利通过的时候，大家都觉得特别值得。

为了片子顶着 50℃高温钻进灯塔

公司刚开起来，就有业务上门。说到底，还是因为他们的作品质量过硬。两人的起点不低，他们的第一个作品《匠心海大》就获得了第七届"视友杯"中国高校电视奖专题类一等奖和舟山首届新区大学生微视频大赛二等奖。据何疆介绍，当时为了让片子更成熟，几乎所有细节都反复琢磨。写脚本、拍镜头、录同期声……对整个团队而言，每个步骤都是摸索的过程。单就"匠心海大"四个字，从提法、字体，到出现的方式顺序，大家就来来回回改了十几遍。"这个片子，都是在学校取景拍摄，学校也给了支持，难度相对低一些。"杨柯权说，后来遇到的片子，因为对拍摄要求的不断提高，难度也在逐渐加大。2017年8月初，在花鸟岛上的一次拍摄经历，让两人记忆犹新。当时，他们是为了去拍摄花鸟灯塔上的"95后"守塔人徐泽迪。拍摄期间，他们每天早上三四点起床，背起二三十千克重的设备，从花鸟村步行1个多小时抵达花鸟灯塔拍摄，晚上八九点收工后再一路走回住所。牛眼透镜是花鸟灯塔中的一个重要部件，通过折射和反射光源，可达到聚光的效果，射程有45千米。为了抓取牛眼透镜的震撼画面，两个人在近50℃高温的灯塔里整整待了半个小时。"进去不到10秒钟，从头到脚都湿透了，汗水是淌着下来的，但这个画面很多人都拍过，既然来了，就要比别人拍得更好。"何疆说，他们忍着闷热，不断调整拍摄角度，终于拍到了自己满意的画面。

参与央视拍摄，学会专注

2017年，央视四套《城市一对一》栏目到舟山拍摄，需要当地摄影师参与录制，在学校老师的推荐下，何疆和杨柯权两人加入了拍摄队伍。刚去的时候，他们只是被交派一些简单的拍摄，看到他们拍摄的镜头后，央视的摄像大哥很放心地让他们拍摄辅助镜头。这次拍摄经历，除了让他们对自己的拍摄水平有了信心外，也学到了不少东西。"我印象很深，那次是去拍船拳，一个镜头反反复复拍了几十遍，我看已经很好了，但是央视工作人员觉得还不够满意，一直在磨那个镜头。"何疆说。在跟着栏目组拍摄的一周时间里，何疆和杨柯权拼命学，拼命记，摄像大哥一有空就被他们缠着提各种问题。两人把摄像大哥的取景、拍摄手法，以及场面调度、人员安排和临时状况下如何应急处理等都记在脑海里。"我们觉得，如果一个镜头没有达到自己预想的效果，哪怕只差一点点，也不可以，就算再重复十几遍，这个镜头只用到0.01秒，也要把这个镜头去拍好。"杨柯权的话，何疆深表赞同，"连央视这么牛的媒体都这样谨慎认真，我们更应该如此要求自己。"

开办公司，除了养活自己外，何疆和杨柯权还有更多的打算，他们的定位是做精致短视频，树立自己的品牌。目前，公司主要拍摄微光、鲜物、淘拍三大块内容。微光就是用短视频的形式反映记录底层人民的生活，拍一些能打动人心的故事，如已经拍摄的《拾荒老人》。鲜物是挖掘鲜有之物背后的故事，用故事打动人，让受众认同鲜物的价值并购买它，如《岛城90后制香师》。"我们希望，除了像淘拍这样的商业运作外，能够通过自己的平台去做一些有意义的事情。"两位"90后"说道。

评述：

何疆和杨柯权都是我校2019年毕业的本科生，虽然一位读的是行政管理专业，另一位读的是机械设计与自动化专业，两人的专业完全不一样，也来自不同院系，但却由于兴趣爱好趋同以及一起在学校鸥迅社新媒体运营中心这个大平台锻炼时所结下的友情，使他们俩合作开创影视拍摄事业，最终于2017年成立了浙江独丽帧影视传媒有限公司，何疆占股60%、杨柯权占股40%，主要开展影视制作、互联网文化服务、网络平台建设开发及技术服务等业务。

两个小伙子都特别地热心，个子都差不多一样高，何疆来自遥远的边疆地区——甘肃省，跟他的姓名有点相关。他们原来在摄影领域都是"小白"，但他们非常用心，虽然所学专业跟摄影技术相差较远，可他们自始至终认真地向学长、老师学习，而且还经常阅读拍摄技术方面的书籍，其他同学在休闲娱乐的时候，他们却在工作室里探讨研究拍摄技巧。由于加入了学校的鸥迅社新媒体运营中心（承担学校大小型校园文化活动摄制工作的学生社团组织），他们有了许许多多接触拍摄的机会，加上他们不怕吃苦和不怕困难的精神，任劳任怨，始终冲在第一线，我们说"宣传制作工作是背后一群默默无闻的人在付出，光鲜亮丽地呈现在观众面前的是主持人。"但我们不能忘记这些默默贡献的工作人员，他们有时为了做好节目的片头，可以说是废寝忘食，加班加点赶工，完全不分白天黑夜，连续不停地做，因为如果中断了，可能就会出现一些意想不到的后果，所以说幕后的工作人员是最苦、最累的。正是因为有了这些别人所接触不到的锻炼机会，加上他们对拍摄工作的专业精神，使他们掌握了精湛的拍摄技术。

　　在即将毕业之际，他们面临着择业的压力，由于各自的兴趣爱好以及掌握的客户资源，他们决定自己开设公司，开展公司化的运营。自公司成立后，公司的业务蒸蒸日上，虽然日子是辛苦的，但收入与日俱增，他们把公司搬进了当地的一个大型创业园区，因为这里集聚着大量的中小型企业，刚好可以有更好的服务需求对接。

　　浙江独丽帧影视传媒有限公司正一步步地行进在成功的道路上！

创业故事 21

致力于渔民画创作

舟山是我国第一个以群岛建制的地级市，是一座海岛城市，舟山港湾众多、航道纵横，是中国屈指可数的天然深水良港。舟山渔场是中国最大的渔场，素有"东海鱼仓"和"海鲜之都"之称。当地渔船文化、海洋文化等特色人文活动丰富多彩，舟山走书、渔民号子、谢洋大典、观音道场文化、舟山锣鼓、海岛渔民画等一些非物质文化遗产得到了较好的传承与发展。而舟山海岛渔民画又是海岛地区最具特色的一种绘画艺术，其中以衢山鼠浪湖渔民画和东极渔民画最为有名。

舟山渔民画渊源于海，蕴藉于海，发展于海，内容多为描绘渔民生产劳动场景、海边风俗和海岛民间传说等，注重地域特色，最大限度地保留了"海腥味"和"独特性"。以艺术手段上的不真实和生活细节的真实，以造型上的夸张、随意和制作上的精致形成强烈反差，并以这种充满张扬、激情、梦幻的艺术魅力赢得了国内外专家和观众的青睐。这些画作想象丰富，构思巧妙，神情生动，色彩鲜艳，散发着浓烈的海洋气息。它真实地反映了海岛人民朴实善良的情感，生动地表达了海岛特色民俗文化和渔民生产、生活的场景。舟山渔民画还曾前往日本、德国、美国等地巡展，已成为中国民间艺术在国际上的一张名片。

我校中文专业的叶近近是一位来自北方的姑娘，她来到舟山学习后，就慢慢地喜欢上这座城市。她从小就喜欢画画，后来跟随学校人文学院的王老师学习画画。一次偶然跟王老师外出考察当地海洋文化的机会，她发现了渔民画的

独特魅力，深深为画中形象表现的渔民辛苦的劳作所折服，因此，她下定决心要好好学习渔民画。同时，叶近近也看到了渔民画的发展前景，思考该如何推广并普及舟山渔民画，提高舟山渔民画的艺术价值，以及如何深度挖掘渔民画的文化内涵，进一步将渔民画的衍生品进行开发和传播。之后，她跟从当地的渔民画传承人学习画渔民画的技巧与精髓。

为了更好地传承与发展渔民画，叶近近与几位爱好者于 2016 年合作成立了舟山青渔蓝文化发展有限公司，正式开展舟山渔民画及其衍生品的设计、制作以及销售，既致力于渔民画的传承，又把绘画与实际生活相结合。她们充分发挥想象力，开发了手绘布袋、旗袍、文化衫、扇子、伞、紫砂罐等一系列衍生品，同时进行渔民画整体包装营销，发展衍生品产业链，将海岛渔民画资源整合，进行儿童渔民画教育培训、渔民画创意园区的体验展销等。与其他绘画项目不同，她们公司呈现以下亮点："原创教学"，即不只是单纯地教孩子画画，而是通过渔民画这一载体，展开多方面的儿童对于海洋的认知，如海洋生物、海洋渔业、海洋政策以及海洋未来的探知等；"挖掘精粹"，即弘扬舟山海洋文化传统；"自主产权"，即发扬学生创业意识；"多元营销"，即形式多样地打造渔民画品牌；"巧妙借势"，即利用"一带一路"发展、海洋文化传承、"大众创业，万众创新"等政策优势。

对于下一步的发展，叶近近她们充满自信，相信在她们的共同努力下，公司一定会走上正轨，在满足传承非物质文化遗产的同时，也在发掘传承人、公益与经济效益上齐头并进。

评述：

叶近近是一位个子很高的女孩子，估计接近1米70，非常秀气，犹如大家闺秀一般。与她初次接触时，她的谈吐举止大方得体，说话不紧不慢，特别是谈到渔民画的未来发展时，她表现得非常自信，对渔民画和旅游业的关系、渔民画衍生品的开发和市场前景等都有一些独特的观点与看法。可能也是因为自小学习画画，所以她上手非常快，师傅一教就会，再加上年轻、活泼、开朗的个性特点，她画的渔民画有一种与众不同的感觉。要画好一幅渔民画，除了要有对渔民渔嫂生活、渔船作业等一线的体验之外，还要有一种独特的感悟与认知，或者说要身临其境。

叶近近虽然大学读的是汉语言文学专业，但她对画画很有心得体会，有了专业老师的指导，再加上舟山当地渔民画传承人的悉心指点，叶近近她们绘制了不少优秀的作品，充分发挥了她们的优势，同时进行了公司化、商业化的运作，这不仅是一种传承，也是一种发扬。在成立公司之前，她们对当地的渔民画产业化发展趋势做了充分的调研，如舟山渔民画及其衍生品创新程度不够、没有实现产业集群等。因为定位正确与否，对公司未来的发展是至关重要的。

对未来公司的发展，叶近近她们做了准确的定位，积极争取投资人的支持，设立专门的渔民画基地，整合舟山当地散兵游勇式的渔民画创作人员"为我所用"，聘请他们作为公司的编外人员，同时与一些已有的创作人员或公司建立合作关系，共同承接业务。另外，叶近近她们还打算在自己的渔民画文化创意基地中，设置定制体验项目，接待旅游团队或游客，亲身体验渔民画或亲子互动等。还计划打算与舟山的一些海岛渔民合作开展以渔民画文化内涵为主的主题民宿，让游客感受渔民居住的海岛风情等。

虽然已经毕业了，但叶近近她们还是在渔民画创作上继续前行。我们也相信，她们一定会在渔民画的传承与发展上取得较好的成绩。

创业故事 22

丰富群众精神生活　足不出户一览众山

水族爱好者创新团队成立于 2015 年，团队现建有 100 余平方米的"大学生水族造景创新创业训练中心"，团队成员由 60 余名研究生和本科生共同组成，涵盖了水产养殖、海洋资源与生态、市场营销、财务管理等专业。在牟毅博士等 3 位老师的带领下，主要从事水族造景及水族观赏动物繁育的前沿科技研究，目前共开展了十余个创新项目研发。

近 5 年来，团队学生取得了不少的成绩，他们参与并发表相关 SCI 论文 8 篇，获得 4 项国家授权发明专利和 15 项国家级学科竞赛奖。

从课余爱好到专业观赏鱼类繁育

水族爱好者创新团队所从事的工作与众不同，他们不只是参与水族箱中器材设备的安装与布置，他们所关注与开展的是生态景观的构建、珍稀观赏鱼类或龟类的繁育，以及景观与家装风格的和谐统一。他们团队最初的几位成员是在当地一家小小水族店面里偶然认识的。2017年正是"迷你鹦鹉鱼"面市时期，虽然其体型圆润，泳姿笨拙，但性格温和，与传统的鹦鹉鱼相比，更适合家庭饲养，由于其繁育方式的不透明，故售价较为高昂。出于兴趣之故，当时就读水产养殖专业二年级的张桐玮同学、海洋科学技术专业的刘硕同学以及林海剑同学经过充分交流，决定购买这一观赏鱼品种的种鱼，并一起合作正式开展繁殖。

然而，在缺少相关物种背景的情况下，繁育工作一开始进行得并不顺利。于是3位同学找到了水产学院水产养殖专业的储张杰教授，认真请教了关于小型中美慈鲷的生活史及生态习性的知识，重新布置了合理的繁育场所，设置了合适的产卵及孵化环境。经过3个多月的努力，他们终于成功地孵化出了第一批稚鱼。随后，繁育规模不断扩大，半年时间已经小有所成，培育了上万尾幼鱼并赚到了第一桶金。他们也在半年多的合作中，进一步加深了对水族行业的认识，在水产学院赵波老师的帮助与指导下，正式成立了水族爱好者创新团队，同时为了更好地开展对外交流与合作，他们还注册成立了浙江龙渊水产养殖有限公司，正式开始公司化的运作。

公司成立之后，越来越多的同学加入水族爱好者创新团队，他们专门聘请了3位指导教师，即储张杰教授、赵波博士和牟毅博士，在他们的用心指导下，针对市面上"迷你鹦鹉鱼"品质良莠不齐、体色黯淡等问题，运用水产动物育种学基本原理及分子标记育种技术，开发了体形更加优美、体色更加鲜艳的选育家系，投放市场后，深受广大消费者的好评，一段时间内竟然供不应求，获得了意想不到的成功。

据储张杰教授介绍，在水族爱好者创新团队成立初期，团队成员主要以学生自主报名为主，随着团队的逐渐发展，校内许多有相同爱好的学生都希望能加入。为选拔优秀的跨专业成员并逐步形成梯队，他们采用了成员推荐和教师推荐相结合的形式，吸收新鲜血液。通过"传、帮、带"的形式，水族爱好者创新团队培养了一批又一批的水族人才，他们大都具备了坚实的理论基础、正确的创新思维、良好的科研习惯，以及独立的科研探索能力。团队中的大部分学生毕业后选择继续深造，团队首任负责人张桐玮同学和刘硕同学均被中国科学院动物研究所录取，攻读硕士学位。团队内部通过优秀学生的榜样力量，实现以点带面的作用，全面提高学生的专业技能水平和创新创业水平，提高水产人才培养质量。

参与全国大学生水族造景大赛，团队专业性再度提高

在繁育不同品系观赏鱼的过程中，新加入的桑勇、刘桂良、孙国际、姚琦斌4位同学提出，不少常见的观赏鱼品系在普通水族箱内的状态及色彩都远远不及自然环境中的表现，很多观赏鱼在自然环境中的体色鲜艳程度甚至数倍于水族箱中饲养的同种鱼类。团队成员在查阅相关资料后决定，在水族箱中模拟鱼的天然生存环境，开始在原生水族造景的道路上不断探索。经历数月，几百次、上千次

失败后，他们逐步掌握了原生水族造景的技巧，并饲养和繁殖成功了我国两广地区的普通叉尾斗鱼、周氏吻虾虎鱼等多个国内的原生观赏鱼品系。在赵波和牟毅两位老师的指导下，团队成员还参加了全国大学生水族造景大赛。

初次参赛，他们并没有取得预想中的好成绩，但是为团队成员打开了水族造景新的大门。他们经过认真总结之后，理解了水族箱造景的不同表现手法和形式，也逐步认识了世界范围内水族造景行业的多位专家和学者。在辗转联系到造景大师之后，团队成员如饥似渴地学习目前国内水族造景行业的新理论和新技法，在日复一日的练习和总结中，他们的造景水平有了显著提高。在随后的多次参赛中，水族爱好者创新团队参选的作品成绩逐年提高，从全国第三十几名，到全国第三名，再到2019年全国大学生造景大赛大缸组的特等奖。

在取得优异成绩的同时，水族爱好者创新团队在学校创新创业学院的牵线下，与舟山森森水族股份有限公司达成了长期合作。他们的产品不再局限于观赏鱼的销售，逐步转型为以生态造景水族箱为主。针对客户不同的装修风格，提供与之和谐匹配的水族造景及观赏鱼，成为他们团队最大的特色，也是团队专业性的体现。

打造室内生态景观，全面提升水族产业

在水族箱产品被各界认可之后，他们团队又吸收了一大批有着创新眼光和技术的新成员。2018年，梁梓龙和杜王平两位同学加入了团队，他们是两栖类爬行动物爱好者，擅长观赏龟鳖类的饲养和繁育。他们很快进入角色，在原有水族箱造景的基础上，开发了室内生态龟鳖养殖系统，将许多原本需要极强专业知识才能饲养成功的龟鳖物种降到了入门级别，使普通家庭也可以饲养成功，为喜爱观赏鱼和观赏龟鳖的水族爱好者提供了新的选择，极大地丰富了普通群众的精神生活。产品自面市以来，受到了消费者的好评，目前已成为公司的主打产品之一。

然而，年轻的创业者们从不满足于现状，2020年伊始，他们团队又吸收了具有海水观赏鱼养殖系统构建经验的赵宸枫等同学，他们既具有深厚的专业素养，又致力于简化海水观赏鱼养殖系统，力争使海水观赏鱼不再令消费者望而却步，能够像普通观赏鱼一样走进千家万户。

现在，水族爱好者创新团队已经逐渐形成规模，他们的创新成果被舟山森森水族股份有限公司、舟山绿野生态有限公司、舟山清川生态有限公司3家企业所采用，为企业带来超过300万元的经济效益。同时，他们还不满足于此，积极开展了"巴氏丝鳍脂鲤养殖系统""观赏虾生态躲避系统"和"三湖慈鲷高效繁育系统"等多个创新项目研发，其成果被《中国青年报》《中国海洋报》等新闻媒体多次报道。

水族爱好者创新团队在促进水产养殖、加快观赏水族养殖行业升级、助推海洋强国战略、培养海洋及养殖创新创业人才和美化生活环境的科研道路上不断奋进。

> **评述：**
>
> 水族爱好者创新团队是一个与大学生水产品冷链物流创新团队类似的团队，创业与科技创新能力俱佳，战斗力、凝聚力很强，以水产养殖专业的同学为主，兼顾海洋科学技术、海洋渔业等相关专业的同学。他们个个学习认真，专业知识扎实，并对养殖行业独具眼光，团队成员也非常融洽，分工明确，而且导师团队非常强。储张杰博士毕业于原浙江水产学院，是地地道道的老水产养殖行业出身，实践经验非常丰富，20 世纪 80 年代，他本科毕业后在一家水产公司工作。后来感觉到知识不足，于 2005 年考上了华中农业大学水产学院攻读硕士学位，最后一直读到博士学位。2008 年 7 月回到母校任教，他先后承担国家科委项目——海滩涂养鳗技术应用与推广、黄鳝、泥鳅的人工繁殖及池塘围网高产养殖技术研究、鲍鱼、梭子蟹网箱育苗、休闲渔业等，还参与了 2006 年中国知名农业大学"百名博士团"到老区开展科技服务活动，在全国推广"黄鳝、泥鳅网箱立体生态养殖技术"，取得年产值达 5 亿元的巨大经济效益，为"小网箱健康养殖技术"的发展做出了重要贡献。正是因为具备如此强的科研实力，水族爱好者创新团队的科研

能力提升非常快，后来，赵波博士、年毅博士也加入水族爱好者创新团队的指导队伍中，所以他们团队的整体实力非常强。"有伯乐才有千里马"，任何学生团队要出成绩都需要有一个成熟的教师团队，这点在水族爱好者创新团队身上得到了充分的验证。

水族爱好者创新团队的创始人张桐玮、刘硕和林海剑3位同学由于兴趣爱好走到一起，开始养殖"迷你鹦鹉鱼"，并运用水产动物育种学基本原理及分子标记育种技术等专业知识，开发了体形更加优美、体色更加鲜艳的选育家系，一举成功，从此一发不可收拾。随着团队成员的不断加入，他们养殖的品种也在不断增加，在逐步掌握了原生水族造景技巧的基础上，还成功饲养和繁殖了两广地区的普通叉尾斗鱼、周氏吻虾虎鱼等多个国内的原生观赏鱼品系。他们团队的原生态造景技术也不断地得到提高，慢慢地可以与市面上传统的水族公司媲美，再加上价格优势以及品类多样，不少客户慕名而来，要求上门定制安装。为了更好地开展对外交流与合作，他们还注册成立了浙江龙渊水产养殖有限公司，与当地的专业公司舟山森森水族股份有限公司、舟山绿野生态有限公司等多家公司达成了长期合作。

在取得业绩的同时，他们还积极组织团队成员参加全国大学生水族大赛，从全国第三十几名，到全国第三名，再到2019年成功获得了全国大学生造景大赛大缸组的特等奖，既为学校赢得了荣誉，又提高了团队成员的专业知识。目前，水族爱好者创新团队没有停留于现状，反而更加拓展业务内容，除了维持主要业务（原生态水族造景）之外，他们还展开了观赏龟鳖类的饲养和繁育，以及"巴氏丝鳍脂鲤养殖系统""观赏虾生态躲避系统"和"三湖慈鲷高效繁育系统"等多个项目的深入研究。

水族爱好者创新团队就是这样一个永远不满足于现状的团队，他们始终坚持在科研一线，一直致力于观赏水族养殖行业的转型升级和培养水产养殖专业的创新创业人才。我们相信他们团队在取得成功的同时，也会不断创造属于他们的美好未来。

创业故事 23

"奇花助农"扭转兰花新概念

"兰花有什么特别？就是我种的这个东西了！"2018年暑期，在一次参与学校陈默老师带队的"一间房———一村一品之兰中白泉"的社会调研时，一位老兰农的反问引发了朱思懿关于兰花新概念的创业灵感。

舟山的气候和地质十分有利于兰花的生长，而随着大量毁坏兰花的情况出现，大量的野生兰花资源遭到破坏，众多兰花爱好者无不扼腕叹息。这也使舟山的兰花品质下降，同时，兰农受自身因素限制，对将兰花品牌化推广的概念了解薄弱。"年轻群体更是将兰花过分物化，潜意识认为玩兰花与年龄和社会地位相关联。信息时代，'国兰'被打上'落伍'的标签，着实令人心痛。"娓娓道来的正是"幽兰优品"团队的负责人朱思懿。

"大一加入陈老师带队的创艺车间，让我对设计、文创和电商都有了新的认知和看法，在现在这个互联网时代，要想让经典文化立足于时代，就必须去扭转兰花产销的固有模式。"朱思懿讲道，当时的她站在年轻人的角度，认为舟山兰花是

物化产品，缺少精神内容。于是，她便与陈默老师就如何帮扶老兰农产业转型，如何在把握好舟山兰花独特的气质和品质的同时，与中国传统的文人雅致、禅学意趣相契合，从产品形式向文化形式转变，展开了研究和前期公众号的建立运营。正如朱思懿所说的："一个人的能力再强大，终究是一个人。"在陈默老师的帮助下，越来越多创艺车间的小伙伴加入进来，这便是"幽兰优品"团队的创立之初。

面对兰花和兰花文化现状，朱思懿与陈亦菲等团队核心成员，制定了3条初步路线。对于兰农，联动浙大等高校的技术优势，依托传统资源，在帮助兰农培养高品质精品兰的同时，将精品兰品牌化，"幽兰优品"团队与陈默老师携手一同打造了省重点兰花衍生品牌"一兰一景"。对于青年群体，朱思懿和团队成员着力对国兰文化进行深层挖掘，设计打造了从明信片、高订胸针、方巾、围裙等带有兰元素的系列文创产品。对于高端养兰玩兰群体，团队从品牌"一兰一景"出发，打造一系列盆地有专属"兰景造印"的精品兰花盆。她们是如何设计这个文化承载物的呢？朱思懿她们从古书图谱中找样式，咨询博物馆的专家，并辅以现代工艺，还原和制作古兰盆并烧制成功，达到可量产的程度。关于为何取色"天青釉"，朱思懿这样解释："五代后周柴世宗时，朝廷官吏请示烧造御用瓷器的造型和设色，柴世宗答以'雨过天青云破处，这般颜色做将来'。根据这一颜色创造出来的釉色叫'雨过天青色'，即天青釉。这样一来，捧回我们的瓷器，不就是把古人的梦也拿回去了吗？"被赋予古代经典文化内涵的兰盆一举成名。"我们学生没钱，就做了300个，本来是想自己留几个，不想一抢而空，甚至还不够。"

在攻克了一系列的技术难关之后，朱思懿团队针对市场对品牌的认可度，进行了重新调整。"认可度和知名度在舟山乃至全国的扩展，其实是最有难度的，有

了好的产品和思路并不能替代实战经验。"朱思懿在第一家文创实体店内一一介绍了有关产品，分享了关于团队创立之初的经历："一开始大家连给兰友打电话回访都觉得尴尬，我们去了很多场兰展设展，从高校到社会来推广，但逐渐发现不管是哪一类人群，他们总能在我们的产品中找到自己的所需，这对当时的我们来说真的是莫大的鼓励。"在不断地尝试摸索中，"幽兰优品"团队所获得的认可也越来越多，逐渐走向国际，兰友来自全国各地及日韩等国家。同时，在陈默老师的协助下，朱思懿带领的团队也逐步建立与韩国厂方的合作，批量打造了一批兰文化精装皮质本。

初期人员少，工作量大，随时面临由于经验不足导致的资金和合作困难，对此，朱思懿带领的"幽兰优品"团队并没有示弱，始终坚持"打造中国人品味的风向标"，坚持"美需要打磨，等待是值得的"，不断地挑战自我。也正是这一精神，使朱思懿的"幽兰优品"团队在各类省级竞赛中得到大量的认可。

"寸心原不大，容有许多香。"朱思懿也希望国兰文化能成为提升舟山品位，并使舟山得到全国乃至全世界认同的一张气质"名牌"。

❝ 评述：

朱思懿是学校师范学院小教专业的一个"小女生"，之所以称之为"小女生"，主要是她比较可爱，说话声音很甜，而且做事很执着。她个子中等，却戴着一副镜框很大的眼镜，很有喜感。

第一次见到她还是在一次"互联网+"校内选拔赛上，她自信满满地把个人的兰花创业故事给在场的评委叙述了一番。当时笔者感觉她的创业项目一般，因为在当地市场很难推广开来，而且技术含量一般，所以印象不是很深刻。但令人想不到的是，在结束之后，她却跑上前来，一定要邀请评委们去她们的工作坊参观一下，看看她们的创业空间，因而加深了对她的印象，也对她所从事的文创行业有了更直观的感觉。

说到朱思懿最初为何会去做兰花这一行业，原来她是在参加了她们学院陈默老师组织的"一间房"公益服务项目后，在参加活动的过程中接触到了兰花，从而产生了打造"国兰品牌"这一念头。通过一段时间的实践后，她对养兰花有了自己独到的看法与思路，再加上她有一种非常执着的精神，只要认定做某件事后，就义无反顾、全身心地投入进去。确实，因为做事和创业一样，需要有激情、有活力，这是成功的基础。所以朱思懿就下定决心，要开始从事兰花这一行业，而且她经过充分地调研，得知当地的气候非常适合种植兰花，也分析了不同群体对兰花的爱好程度，有针对性地打造产品。同时，她还积极打造"国兰品牌"，让兰花这一固化的盆景变得更有生气，她还和团队成员一起对国兰文化进行了深层挖掘，设计并打造了从明信片、高订胸针、方巾到围裙等带有兰元素的系列文创产品，在"兰"字上不断做文章，慢慢地她对这一行业有了更深的体会。她们团队还帮助当地的兰农，利用电子商务渠道销售兰花，实现了"双赢"。

朱思懿她们还专门成立了兰文化创意公司，吸引越来越多的同学加入她们的团队，开展文化创意项目，同时公司变得越来越规模化、体系化，也培养了一批文化创意人才。

最近，笔者又和朱思懿交流了一次，发现她比以往更自信了，得知她通过自己的努力考上了老家的教师编制，毕业后将做一名教育工作者，因为她始终怀揣做一名老师的梦想，想实现自己的人生理想。同时，她也把自己一手创办的兰花事业传承给了另外一名创业者。

创业故事 24

一名退役大学生戍边战士的"新零售"之路

一次音乐餐馆的创业经历，一次嵊泗枸杞岛的社会调研，一份退役不褪色的勇气，开启了一名退役大学生的自主创业之路。

徐健是一名在校大学生，大一学年结束后，他为改变自己的生活状态，投笔从戎，来到了中朝边境。经过两年部队熔炉的历练，他带着军营的精神回到学校，重新开始了自己的大学生活。在大学二年级的时候，他和几位合伙人模仿"胡桃里"模式，开了一家"野子音乐餐馆"。经过一年的社会磨砺，他看到了舟山本地海产品传统网络销售模式的缺陷，摩拳擦掌开始了"新零售"，创建了自己的品牌——"徐掌柜"。

在开始"新零售"创业之前，徐健通过大量的社会调查，发现舟山水产品现行的主要销售方式以网络销售为主，线上、线下的销售模式依旧很落后。他通过观察并了解到，目前舟山发展"新零售"下的水产品商业模式具有前所未有的政策优势，国家和地方层面都有相关政策出台，地方上对发展"新零售"下的商业模式支持力度很大，并鼓励有条件的企业进行商业模式探索。随着生活逐步富足，舟山消费者的需求也迅速升级，从舟山自身来讲，其具有得天独厚的资源优势，拥有"舟山渔场"，舟山水产品在全国也有较大的知名度。舟山居民消费水平在逐步提高，主要消费群体对互联网操作也较为熟悉。但在发展过程中，仍然存在一些不利因素。"新零售"企业面临的竞争非常激烈，消费者需求多样化、个性化，"新零售"企业要适应这种变化面临着不少挑战。同时，舟山电子商务发展水平和浙江其他地市相比还比较靠后，消费者体验未广泛形成，人、货、场关系落后（据有关资料显示，电子商务指数居全省末位）。但总的来看，优势多于劣势，机会大于威胁，舟山具备构建"新零售"下智慧商店商业模式的基本条件，培育水产品智慧商店是可行的。

正是基于这样的背景，徐掌柜电子商务公司应运而生，其依赖于线上线下和物流的联动发展，将浓郁的舟山海岛渔业的文化气息融入线下体验，打造赋有"海+港+城"海洋文化的智慧商店。

线上通过微信建群、朋友圈发圈、网红合作、"被贴标"、学校校友会公众号推广 5 个营销策略，建立一套合理规范的制度，进行有效的宣传推广。线下通过对不同水产品食材的搭配，把消费者对价格的关注，转移到对水产品新颖做法和新鲜度上来，每个产品独立包装，水产品不按"斤"出售，更是重新定义新鲜。线上终端 APP、30 分钟内送达及免费物流配送三者深度融合，实现线上平台与线下平台的一体化运营，从而开辟全新的购物模式，形成以"水产品智慧商店+餐饮体验+智慧生活 APP"为核心，线上、线下相结合的体验式"新零售"智慧商店。

在具体营销推介上，徐掌柜电子商务公司利用"线上为主，线下为辅"的有效路径，通过多样化方式、多重手段来提高品牌的知名度和美誉度。因为从长远的发展来看，成功的促销是要将品牌与自身的企业形象，还有产品的推广相结合，这不仅会为公司带来良好的经济效益，也会产生极好的社会效益。

现阶段，舟山拥有浙江大学海洋学院、浙江海洋大学、浙江国际海运职业技术学院、浙江舟山群岛新区旅游健康职业技术学院等多所高校，徐掌柜电子商务公司充分借助高校力量，积极与舟山本地高校合作举办电子商务营销大赛，从大赛中挖掘极具创新思维和发展潜力的"新生力量"加以培养和锻炼，还根据比赛过程中反馈的相关数据进行系统研究，分析各地区的消费差异、产品偏好以及推广方式效益性等，为企业的后续发展提供数据支持。这不仅提高了企业自身的知名度，而且充实了企业的后备力量。同时，公司不断以自身强大的产品供应、存储保鲜、物流运输等为基础，加大营销推广舟山海产品的力度。公司还与相关高校合作制定了专项人才培养计划。目前，徐掌柜电子商务公司正一步步向前发展。

评述：

  笔者当时和徐健交流时，他还是一名在校大学生，但看上去非常成熟老到，身高1米80，站姿挺拔，英姿飒爽，眉骨间透着一股英气，毕竟是一名退役大学生，而且是在中朝边境辽宁丹东的边防部队整整待了两年。退伍后，他还是回到了母校，继续完成学业。入学后，他始终保持在部队里的作风，在其身上有着深深的军营印记，充满了"精、气、神"。他不仅在学业上严格要求自己，而且在日常工作、待人处事、社会工作等方面都非常得体，可以说是学生中的"楷模"。

  徐健在入学时原来学的是行政管理专业，从部队转业复员后，他转到了财务管理专业，因为他始终有清醒的头脑，心中对未来的职业发展方向非常清晰。2018年回到母校求学后，他与几个退伍回来的同学一起入股，与当地人办了一家音乐酒吧，经过一年多的运营，小有收成，他通过这个平台认识了不少朋友，对创业又有了一层更深的认识与体会。

  后来，考虑到学业及个人因素，他选择退出了音乐酒吧的经营与管理，开始慢慢接触电子商务，因为舟山有大量的海鲜产品，但在全国范围内知名的海鲜品牌却非常少，处于一种尴尬的局面，因此他一心想在这块上做点文章。2020年下半年，他正式注册了"徐掌柜"电子商务有限公司，主要运营海鲜类产品等，但他的运作模式又跟其他人不一样，他并不在目前国内常见的线上平台运营，如淘宝、拼多多、天猫等，他不像其他人一样，急吼吼地学习电商运营方式，到处砸钱打广告，而是着力打造自己的流量粉丝，通过线下的方式逐步增加粉丝数量，与当地高校合作开展营销大赛以及培养电商人才，吸引更多的粉丝加入自己的平台圈。徐健以他的成熟老到，一步步向前行进。

目前，他正在准备研究生入学考试，希望在学业上更有所成就，在学习之余再继续他的创业之路。

创业故事 25

攀岩人，永不止步

"要是躺着也能玩攀岩该有多好！"攀岩训练结束后，正在放松的徐艺想到。这个想法出现后，便变得一发不可收拾，于是徐艺召集了学校攀岩队中志同道合的队员，正式对这一个设想付诸实施。

徐艺团队通过充分的市场调研，在导师魏老师的指导下，结合扎实的攀岩专业知识，大胆地设想并提出一个概念——"虚拟攀岩"。心动不如行动，她们马上开始着手，在"小黑屋"里废寝忘食地学习和恶补"虚拟攀岩"的相关知识。经过分析调查得知，其实攀岩运动早已在世界各地迅猛发展，尤其在中国，它越来越受到人们的喜爱，攀岩场馆和运动者的数量也日渐增多。同时，她们意识到现存的实地攀岩运动，由于受到场地、技术等因素限制，无法更具多元化和广泛性。徐艺团队所设想的"虚拟攀岩"，突破了诸多限制，成为一种新的攀岩运动体验形式。那究竟如何实现这种模式呢？徐艺团队提出了可以利用目前社会上流行的攀岩运动中的攀岩机来逐步实验"虚拟攀岩"，并商讨总结出了"虚拟攀岩"的三大阶段：

第一阶段：改进攀岩机，降低攀岩体验者门槛

徐艺带着团队成员到舟山市体育中心对攀岩机进行了实地调研，"原来攀岩机是这样子的。"团队成员王荣青感叹道，"这个攀岩机运行的方式好简单，但是感觉没有现场大岩壁的视觉冲击。"攀岩队队长李杰铭说道，"这种攀岩机是市面上比较新的一款履带式攀岩体验机，适合室内放置体验，很大程度上能让你随时都可以往上爬。"体育中心工作人员讲解道，"心动不如行动，我们上去体验一番。"徐艺说道。调研结束后，徐艺团队返回"小黑屋"，有了实地亲身体验的经验，她们进行了一场"头脑风暴"，收获颇丰。徐艺总结道，"市面上出现的一种可移动的攀岩机，在一定程度上改善了这个问题，但是它仍存在材质太重、岩点无法替换、履带角度、转速单一等问题，我们应该从这些方面入手去解决这些问题。"

她们针对攀岩机的缺陷，进行了以下一些改进：

第一，更改攀岩机履带的材质，使攀岩机有更真实的触感；

第二，用更轻便的材质制造新的可替换零件，使攀岩机更加轻便；

第三，改变安装岩点方式，使其可替换；

第四，改进攀岩机的履带和主要部件，使其实现可调节性，改变转速和角度来配合用户攀爬。

第二阶段：攀岩机与 VR 虚拟系统结合，丰富攀岩环境体验

这个想法源自攀岩网络游戏，徐艺说，"VR 和攀岩机结合好像更好，我们可以通过在攀岩机履带上固定一套向上攀岩的岩点线路，结合 VR 技术，让体验者头戴 VR 眼镜，身着攀岩机，在 VR 中设定不同的环境，如一些野外攀岩的思路，攀爬雪山、火山，或者是攀岩人梦寐以求的攀岩圣地酋长岩，这样，喜欢攀岩的人不就更多了吗？"团队成员都觉得这种思路可行，她们马上行动，联系了指导老师，寻求 VR 方面的专业技术指导，虽然想法有创新性，但这种想法和方式的实现风险与成本都很高，落地非常困难。于是她们萌生了另外的方式，成立攀岩公司，在线下实际运营，等公司盈利后再反哺到"虚拟攀岩"，最终实现线上和线下的"双赢"。

她们团队所设计的线上"虚拟攀岩"平台中，能为用户提供自定义人物形象、场景主题、设置背景音乐与游戏模式等。在人物自定义模块，可根据自己的喜好来选择不同年龄、相貌、性别的游戏人物，也可自定义游戏人物的衣服、裤子、攀岩鞋等装备。

第三阶段：VR 虚拟系统与攀岩感受控制器结合，打造全新的攀岩体验方式

这个阶段尤为艰辛，因为到现在还停留在一个概念阶段，但也不妨碍她们团队成员对这种梦寐以求的攀岩体验方式的追求，徐艺带领团队成员不断地对"虚拟攀岩概念"进行总结归纳，终于初步设计了一套虚拟攀岩系统。

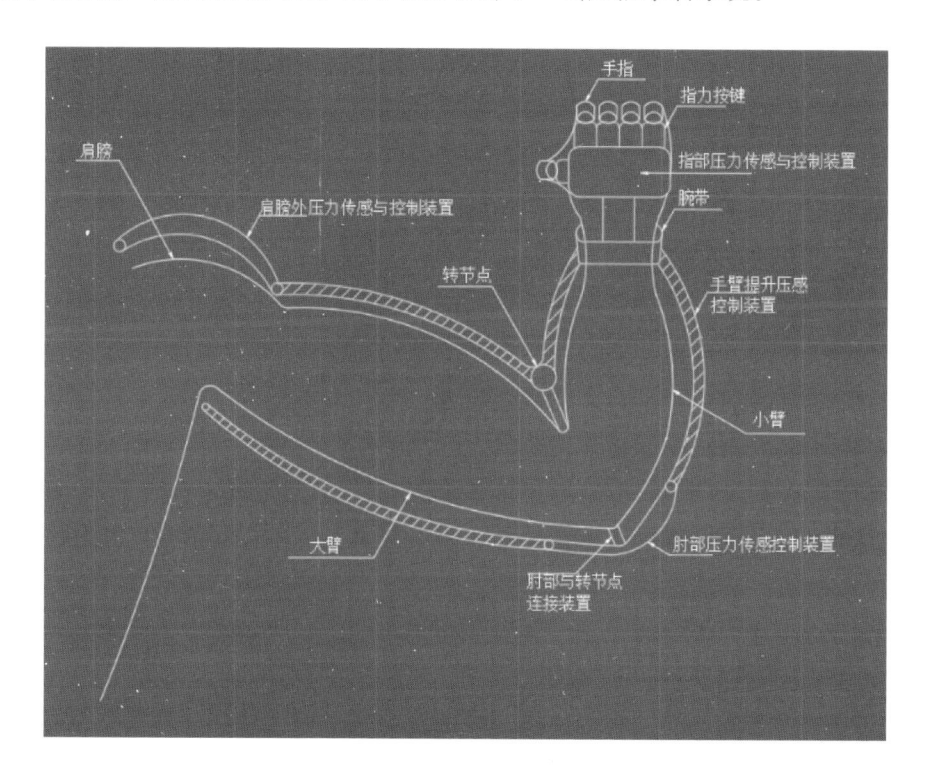

在真实攀岩过程中，攀爬者会感受到岩点对其手掌的支撑，以及进行下一岩点抓握时，手臂肌肉有拉扯感，肩部有下沉感。攀岩压感模拟装置可以完全模拟出真实攀岩过程中所产生的感觉。

定点测控压力刺激鞋垫是为了让"虚拟攀岩"用户体会脚踩岩点所受的支撑力，其总共分为三层：基础层、刺激层和缓冲层。基础层和"虚拟攀岩"用户的鞋底接触；刺激层为中心层，其内有很多压力刺激点，根据不同岩点给用户不同区域的压力刺激。该鞋垫有触觉反馈功能，当用户在不同虚拟环境中攀爬，设备可通过刺激层产生相应的反馈压力，具体效果会根据攀爬时虚拟岩点的形状发生变化。

这就是她们对线上体验——"虚拟攀岩"运动的孜孜追求。

2020年11月，徐艺团队正式创立了舟山市慧攀体育发展有限公司，开展了线下体验的实际运作。"尽管'虚拟攀岩'这一概念的落实之路艰辛，但我们仍然要风雨无阻，砥砺前行。"徐艺总是这样鼓励她的团队成员，一直到现在，徐艺她们仍然在努力，为心中的热爱而付出！

攀岩人，永不止步。

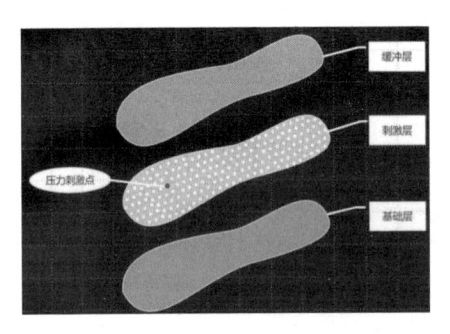

评述：

第一次跟徐艺接触的时候，她还是一名在校大学生，她个子不高，戴着一副眼镜。她大学读的是小学教育专业，立志做一名小学教师。

虽然学校里没有体育类专业，但学校的体育工作却是独具特色，如海岛野外生存训练，在全国和全省都是独树一帜，涵盖的内容也特别丰富。同样地，还有攀岩运动，学校投入非常大，专门在室外操场设置大型的攀岩场所，目测有几十米高，而且有一大、一中、一小3个攀岩场所。因为学校是海洋类特色学校，培养的学生既要具有海洋视野，也要有海洋专业特殊的技能，如游泳、攀岩、野外生存等基本能力，所以学校非常重视这项工作，而且多项教学成果都获得了省内外的一致好评。正因为有这样的基础，学校的攀岩队、龙舟队、野外生存训练队等团队都深受学生的喜爱。小徐入学后，通过一次偶然机会加入了攀岩队。简单再介绍一下攀岩运动，攀岩运动属于登山运动，攀登对象主要是岩石峭壁或人造岩墙，攀岩时要系上安全带和保护绳，配备绳索等以免发生危险。靠手脚和身体的平衡向上运动，手和手臂要根据支点的不同采用各种用力方法，如抓、握、挂、抠、撑、推、压等，所以对人的力量及身体的柔韧性要求都较高。而外行人看学生攀岩好像非常危险，其实并不如此，只要保障措施到位，一般没有任何安全问题。攀岩有其特有的魅力，突出的个性感染着人们，在参与攀岩运动中，会让我们在与"人工悬崖峭壁"的抗衡中学会坚强，在征服攀登路线后享受成功与胜利的喜悦。

小徐加入攀岩队后，积极训练，而且教练发现她的平衡性非常好，攀登速度很快，有灵性。因此，她马上被列入骨干团队中，慢慢地她越来越喜欢上了这项运动。同时她对这项运动也有了更多的思考，她想能否加入全新的视角，通过VR技术来实现躺着也能玩攀岩运动，让爱好者身临其境地感受攀岩运动的魅力。经过与合作伙伴们的共同努力，她们设计出了线上体验的平台，目前正在一步步地落实中。虽然还没有完全落地，但是她们离目标的距离越来越近。同时，她们的攀岩线下体验活动项目正如火如荼地开展中，而且也受到了企业界人士的欢迎。

创业故事 26

着力打造专业化船模工作室

兴趣爱好人人都有，海大船模有限公司创始人宇一帆也不例外。作为一名军事发烧友，他来到舟山的第一件事，就是去模型店买了一个军舰的模型，因为他非常喜爱船舶模型，所以大学专业也选择了船舶与结构物设计制造专业。回到宿舍后，他将模型放在书桌上最显眼的位置，他越看越喜欢，越喜欢就越看，但是越看却越觉得别扭。无数疑问出现在他的脑海中，这船体的比例怎么这么别扭，这上层甲板的小物件怎么这么不规则，竟然还少了好多细节方面的东西。

宇一帆作为一名军事发烧友和刚步入船舶专业的大学生，他为此感到有些难过，最初的欢喜没有了，取而代之的是一股油然而生的失落感。

入学后的第二天，他就急匆匆地坐车来到舟山定海城区，转了很多家船模店铺，这些地方销售的船模多多少少都有一些问题，与实物相比，在细节上或多或少都有出入。于是他通过定位查询，发现定海鸭蛋山附近有一家大的船舶模型加工厂，于是马上坐车前往，在转了好几辆车后，终于来到这里，他发现工人们在制作船模的上层建筑和甲板物件时，竟然只是靠着一张略显模糊的实船照片，进行一个大致位置的摆放，有些细节深处的零部件甚至根本就没有看到，制作非常粗糙。

在返程的途中，他回想了见到的点点滴滴，心里一直琢磨，估计目前舟山还没有一家能形成船模产业链的专业船模公司，基本都是以舟山船模艺人的个体小作坊为主，没有自我设计的能力，且专业性与技术性兼具的负责人年龄普遍较大，而普通工人在制作船模的过程中，往往只凭借经验以及目测来制作，因此在技术方面有较大的提升空间，但船模工艺发展必然是现代化机械设备替代手工加工，现代化科学生产管理替代陈旧个体制作行为。传统的船模制作完全形成不了规模化、精细化的模式，跟不上船模制作精密而又逼真的发展趋势。

船模作为一种精致且有纪念意义的工艺品，有很高的艺术及工艺价值，决不能因为技术的原因而贬低艺术。于是，宇一帆决定在专业学习之余学习船模制造技术，慢慢开始创业，既填补设计上的缺陷，又提升船模制作的技术水平。通过指导老师的介绍，他请来了毕业多年的虞朝旭学长来教他犀牛建模软件。

"从学习船舶知识、制图、船体设计到制作，稍不仔细就会出现瑕疵。一旦出现瑕疵，整艘船可能就毁了。"宇一帆说道，一艘船好比人体的骨架，比例不对、粗细不匀、关节有损，都不会是一艘好船。只有从整体到细节都对了，船才能"站"起来。

在创业之初，技术是学会了，但是却没有大笔的资金购买制作船模的一些自动化设备，而且也联系不到合适的船模生产厂家，他和团队成员一度陷入困境。这时，有一位同学提出：没有设备做不出金属的船模，我们可以先入手木制船模呀！制作方法可以采取半机械半手工的方法，在保证传统制作方法的情况下加入新的制作加工工艺。

有了这个念头，他们说干就干，第一时间就通过申请，借到了学校的一间空闲库房，供他们创业团队使用。经过半个月左右的时间，他们通过对目标舰船的各项参数、不同角度的图片搜集以及利用犀牛建模软件，成功地建立了3D模型，生成刀路图后，他又向学院船舶系领导提出借用普通雕刻机，将木板用雕刻机雕出模型的龙骨、肋板等，组合贴条制成主船体；随后又利用木板、废弃塑料等制作上层建筑，充分做到了物尽其用、环保再生；将主船体及上层建筑进行打磨喷漆，油漆干后将上层建筑和主船体连接，再对船体进行整理补漆。整个制作过程用人5人，耗时35天，工期之长、工程之大，可想而知，而且就目前的设备条件和人员储备而言，短期内只能接受两艘以下的船模定做，无法量产化。

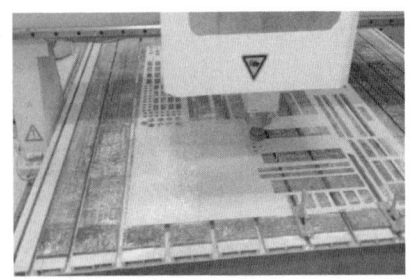

有一次，在学校组织的创业成果展示活动中，他们创业团队的船模吸引了一位退休老领导，该船模完全依照真船的形状、结构、舾装等成比例缩小制作而成，大到船舶的棱角弧度、甲板、管路布置，小到螺旋桨、探照灯、救生设备甚至船体上每一个标志和字母都精确逼真。宇一帆介绍说，"船舶舱面和舱内的各条管路、每个救生圈都认真制作了出来，包括钢丝绳的粗细都是经过精确计算后采用不同型号的线制作的。"终于，功夫不负有心人，他们制作的船模当场就被买了下来，更令人惊喜的是，另外一位与老领导同行、从事模型加工的老板当场向宇一帆他们团队表示了合作意向。

后来，他们团队制作船模的技艺日益精湛。经过他们团队对船体、舾装等设计后，再搭配合作方加工厂新配置的激光雕刻机制造，所有产品一经生产，很快就被抢购一空，不仅提高了生产效率，也降低了大量成本。购买者对改进优化后的船模赞不绝口，他们创业团队也进入正常运营，有些产品还进行了规模化的生产。

舟山是一座海洋城市，到处都体现着海洋文化，宇一帆又有了将产品多样化生产的念头，他将产品分为高端、中端、低端三类进行销售，这样既能适应社会

需求，又能拓宽不同年龄段的市场。低端市场主要推出有特色的海洋模型纪念品，如青少年感兴趣的套材产品；中端市场主要推出有较大需求、批量制作的船舶模型；高端市场主要推出手工船模的定制服务、实用船模的设计开发以及科研教学用具产品定制。

随后，宇一帆主动联系各大船厂、博物馆、科技馆、高校以及海军部队等，对自己团队的产品和技术进行宣传，因为已经有了第一次改进模型的成功，在随后跑业务的过程中都比较顺利。但是，由于船舶行业的不景气，船模市场出现疲软态势，所以船厂对于船模不是很感冒。最终，他们有了舟山市博物馆和科技馆等5家合作单位以及远舰模型等4家合作公司。

在创业之初，宇一帆曾遭遇困难：资金链断了！这是个大问题，公司在生产经营过程中，由于供销各个环节不确定因素的影响，会导致公司资金运营的迟滞，合作商、客户等违约或资金拖欠行为等也会造成应收账款无法及时到账，从而影响资金的运转。通过团队内部的共同努力，他们艰难渡过了这段黑暗的时光。后来，宇一帆又提出了新的服务内容：积极寻求机会，为舟山市中小学海洋知识教育做专题推广及科普服务，培养中小学生的海洋意识，锻炼他们的动手能力。

他们团队让青少年能够提高实践操作能力，培养他们独立创新、积极思考、严谨认真的学习态度和能力，使青少年既能在实践中培养海洋意识、学习海洋文化，又能在玩乐中学到科学知识。他们还特别对科技创新有浓厚兴趣的学生进行重点的科技创新培训指导。这些社会实践活动，让宇一帆他们团队接触了社会，增长了他们对社会的认识，也扩大了他们团队的知名度。

发展至今，宇一帆他们公司已经是一家集设计、生产、销售和服务为一体的创新型船模公司，并且能够提供相关模型制作技术、海洋文化培训及船模定制业务。

一艘船模展现了一名船模艺人精湛的专业技能，体现了一名船模艺人干事创业的精气神，更彰显了一名船模艺人持之以恒的高贵品质。宇一帆认为，"做船模就应该以爱字为本、恒字有道、专字着手、细字当头。"而海大船模有限公司也会秉承"海纳百川，天道酬勤，一心一意，团结奋进"之精神，坚定地发展下去。

评述：

　　笔者认识宇一帆已经好几年了，其人就如他的名字一般，在他身上得到了生动的体现，"宇"犹如形象的"宇宙"，"一帆"则寓意一帆风顺。正因为对船模非常喜爱，所以他在填报高考志愿时，就直接选择了船舶与结构物设计制造专业，而且从头到尾全是这个志愿，从这里又能看出他的坚毅之心。

　　宇一帆是河北邯郸人，个子不高，眼睛较小，而且戴着一副黑框大眼镜。他从小学习就非常好，爱钻研，喜欢捣鼓小汽车、小船舶等一些模型。考入大学后，由于选择了船舶专业，他更如虎添翼，对船舶模型的构造原理有了更深入的理解。这一点，从他一入学就可以看出来，才刚入学一天，他就几乎跑遍定海的船模制作厂，因为他知道在舟山有很多大型船厂，那就肯定有许多船模制作厂。但现状让他失望和遗憾，因为他找不出一些品质高又非常逼真的船舶模型。这几年我国海军军舰可谓下饺子一般，一艘又一艘的现代化大型军舰下海，可在当地完全没有军舰的模型。所以，他立志要成为一名船模制作方面的"能工巧匠"，既能打造高品质的军舰模型,又能制作简单的"小帆船"。

他学习了一年多的专业知识,而且又聘请了老学长为他传授专门的软件知识,经过充分的市场调研后,他与几名志同道合的同学合作成立了海大船模有限公司,正式开始公司化的运作。他们公司产品定位非常清晰,分高端、中端、低端三类市场,低端市场主要是一些有特色的海洋模型纪念品以及青少年感兴趣的套材产品,呈现的是能规模化的产品,而且是一般人都能自己拼装的系列产品;中端市场主要推出有较大需求、批量制作的船舶模型,有一定的技术难度;高端市场主要推出手工船模的定制服务、实用船模的设计开发以及科研教学用具产品定制等。慢慢地,宇一帆他们公司逐步走上正轨,不仅开展对外业务,而且也经常性地做一些公益事业,不定期地到当地中小学开展免费教学活动,提高中小学生的动手能力。可以说,海大船模有限公司是一家与专业知识充分结合并拥有核心技术含量的科创型企业,他们不仅为大量学习船舶专业知识的同学提供了实践动手的机会,也为学院拓展了继续教育服务的内容。

宇一帆一边创业,做自己最感兴趣的事,一边又加入学校的大学生创新创业联盟这个大集体,后来还担任了联盟的主席,负责并配合一些创新创业的活动,组织了创客集市等,全力提高了自身的组织活动能力和口头表达能力。一年的学习组织锻炼,使他的领悟能力提升很快,而且为人处世更加成熟老到,在学校里俨然成为一名"成功人士",因为无论是学习、创业、社会工作等,他都小有成就。但宇一帆并不满足于此,在大四学年,他选择了继续深造喜欢的船舶专业,他想在船舶行业里继续"遨游"。经过自己的努力,他考取了俄罗斯乌拉尔大学的船舶专业(该校的船舶专业位于世界大学前列,有较高的知名度),他一手创办的海大船模有限公司也传承给了下一任。

最近一次跟他联系时,他正在家里上网课,每天都过得非常充实,而且很忙。我们祝愿宇一帆在追逐梦想的道路上越走越顺。

从根本上讲,创业要基于创业者本身所具备的素质,如优良的道德品德、坚韧不屈的精神、坚定不移的信念、必胜的信心、强大的魄力、充沛的精力、丰富的经验、渊博的知识、优异的才能等,可能缺了哪一点都会对创业成功率造成影响,当然最好还要有超前的战略思维、敢于创新的胆略、敢于展现自我的勇气以及规避风险的能力等。

创业故事 27

关注成长，从"心"出发

2020年冬的一天，当孩子们一张张笑脸浮现在眼前，曾经熟悉的上课铃声重新萦绕耳畔，学校小学教育（师范）专业的同学们再次走进了小学生的课堂，这是一次教育教学见习，既是对自己小学生活的回顾，更是他们一次关键的教育教学历练。对张宇豪、方晴、杨颖秋、徐梦冰、王婕媛这五位"小苗与大树"团队的创始人来说，在这次教育教学见习中所得到的收获非常丰富，不仅是自身的专业知识有了实践的认知与提高，更对当前舟山中学生教育有了深入了解和思考。虽然舟山群岛已进入大桥时代，但还是处于交通的末端，有着其特殊的地理位置，再加上部分居民的工作地特殊等诸多方面的原因，这里有许多留守儿童，由于父母亲经常不在身边，孩子们在心理方面或多或少存在一些小问题。基于此类现象，面向学生和家长两大群体，五位团队成员开设了心理健康教育等相关课程，致力于海岛儿童心理健康成长和养成和谐家庭氛围。2021年2月，"小苗与大树"心理健康工作室正式成立，五人的创业故事就此拉开序幕。

团队成员的心之所向

五位团队创始人皆是小学教育（师范）专业，还都是同班同学。在第一次教育教学见习时，被分到了不同的见习学校，他们不约而同地发现了个别儿童身上存在的问题，以及由此所折射的传统家庭教育观念落后的现象。五人团队成员与学院心理学博士汪老师进行了深入地交流与探讨，汪老师从事多年的心理学研究，经常为当地的企事业单位人员作心理辅导，可谓经验丰富。对此，汪老师提出了自己的宝贵意见。在这样的情况下，团队成员们更加胸有成竹，他们一拍即合，正式开始了创建"小苗与大树"心理健康工作室的公益创业之路。

创业伊始，团队成员们分工明确、各司其职、有条不紊、团结一致。为了获得真实的调研资料，团队成员们首先对各自见习学校的学生和其家长们进行了相关访谈，然后又深入舟山各小岛的渔农村进行大范围的问卷调查。有了调查数据后，他们坚定了创办"小苗与大树"心理健康工作室的想法，将所得数据进行汇总整理，并在指导老师的专业辅导下，工作室初具雏形。

在给心理课程定价时，团队成员们认为，如果定价过高，可能会将一部分在心理辅导方面有需求的儿童及其家长拒之门外。但如果定价过低，可能还不够工作室日常的成本支出。因此，在诸多因素的影响下，工作室还是选择坚守初心，在基本保证成本的基础上，合理调整课程价位，兼顾盈利与公益，这既与他们自身专业的性质相符，也与创业的初心与使命相吻合，毕竟创业导向乃心之所向。

为了孩子经常下岛开展心理疏导服务

工作室成立后，他们在开展服务的过程中感受到了成就感。例如，一位团队成员就碰到了这样一位男生，该男生就读于当地的一所小学，身上有差生的所有缺点，学习习惯差、上课专注力低，而且经常不完成老师布置的家庭作业。他的个人性格完全以自我为中心，经常跟同学闹矛盾，甚至吵架，与同学关系紧张。随着日积月累，这名男生出现了情绪低落、逆反心理非常强等问题。针对这一问题，团队成员们深入讨论，首先对男生的家庭展开了详细的调查，随后提出了针对性的措施，制定了个性化的服务课程。由于该男生住在小岛上，进出需要乘坐客船。团队成员们就利用双休日和节假日，每天早上一大早就出发，带上相关的调查问卷和教学用品，前往男生家，陪同他做作业、梳理情绪，日常运动，关心关怀他的心理变化，情同"兄弟"，而且往往一待就是一天，再搭乘当晚的班船返回学校。由于该男生的问题比较多，解决问题的时间较长，团队成员们就轮流前往，疏导服务一直持续了3个月之久。功夫不负有心人，该男生逐渐认识到自己的问题，慢慢地端正了自己的学习态度，与同学、老师、家长的紧张关系得到了缓解。该男生之后还陆续参加了工作室推出的心理健康培训课程，同时团队成员还定期跟踪服务，随时调查其学习成绩等情况，及时扭转了该男生的学习态度，提高了他的生活热情。该男生的父母看到他这种让人惊讶的表现后，心里暗暗发喜，对团队的付出也表示了充分的肯定，又为工作室介绍了好几名有相同问题的学生。随着课程的推进，这些孩子们慢慢地变得更加成熟，"小苗与大树"心理健康工作室的口碑也与日俱增，得到了家长与学生的一致好评。

落实调研反馈，不断丰富课程

"小苗与大树"心理健康工作室的孩子课堂和家长课堂有了较好的反响，但是团队成员们并没有停止创新的步伐。"对于课程培训后的反馈至关重要，这会让我们看到课程的诸多不足。"团队组长张宇豪如是说道。团队成员们经常利用课余时间，对参加培训和辅导的家长以及孩子开展反馈调查，及时改进课程设置、实践操作。与此同时，工作室还专门成立反馈总结小分队，进入当地学校，与参加过心理课程的学生们进行反馈交流，把心理健康课程做得尽善尽美。"认真做好每一件事"，这是团队成员经常提及的话。同时，工作室还广泛吸收成员，充实到团队中。还与学校的心理服务中心积极开展合作，既积累了工作经验，又服务了广大同学。

"小苗与大树"心理健康工作室正一步步行进在成功的道路上。

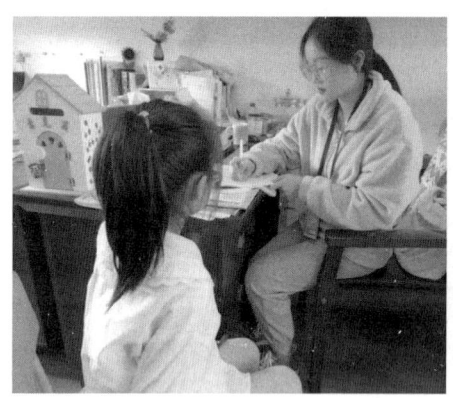

> **评述:**

  "小苗与大树"心理健康工作室是一支公益创业团队,他们利用自己的小学教育(师范)专业所长,为中小学生提供定制化的心理课程服务,外加一些中小学生的主干课程辅导服务。单纯从创业的角度而言,该工作室盈利点不多,而且也不占优势,进入门槛较低,面临的竞争比较激烈,但创业的目的不完全是盈利,本质上是在创业服务的过程中锤炼个人的综合能力,实现个人的理想,而且这也刚好与高校开展创新创业教育的目的相吻合。因为高校开展创新创业教育的根本目的,主要就是培养学生的创新精神、创业意识和创新创业能力,大学生通过创业实践,提升自己的实践认知水平。

  公益创业是近些年来比较热门的创业内容,区别于商业创业。一般而言,公益创业就是社会组织、企业、非营利组织等在经营过程中,将社会价值与经济价值创造性地融合,在保证组织不偏离公益性的同时,借助一些商业手段来实现公益组织的"造血"功能,让组织拥有更多资源和能力从事公益服务。所以,其根本目的还是在于公益,象征性收取一些费用,以维持团队组织的正常开支,从而实现其社会价值。

  "小苗与大树"心理健康工作室的五位创始人都是品学兼优的大学生,专业知识扎实，又对心理学非常感兴趣。对于师范生而言，除了要有耐心外，还要始终树立教育育人的工作理念，因为他们今后工作的对象就是中小学生。教师的工作职责不仅仅是传授知识，更要帮助中小学生树立正确的价值观念，纠正不良行为，帮助其立德树人、成长成才。中小学阶段刚好是青春期，容易情绪激动或波动，会受到玩网络游戏等一些不良习惯的诱惑，而且这也是导致家庭矛盾冲突的原因之一。家长们由于平时工作忙，对孩子疏于教育与管理，一方面希望自己的孩子一点就通，另一方面又极其不耐心与孩子交流，往往以自己的习惯与认知来要求孩子，所以容易与孩子产生间隙甚至隔阂，最后造成孩子的逆反心理越来越重。"小苗与大树"心理健康工作室的成员正是在教育教学见习的过程中，发现这样的服务需求，因而定制了个性化的服务课程，为一些处于情绪焦虑困境的中小学生提供帮助与服务，让他们走上正确的道路，解决了家长们的燃眉之急。当然在服务的过程中，团队成员自身也逐渐获取了不少经验，为他们以后走上工作岗位打下了坚实的基础。

创业故事 28

在创业奋斗中实现自我价值

"既然选择了远方，便只顾风雨兼程。"马伟伟创业团队自 2021 年 12 月组建以来，虽然遭受了不少困难和挫折，但他们从未停止过努力和奋斗，因为他们始终坚信失败只是暂时的。

时间回溯到 2021 年，就读于经济学专业的马伟伟同学的创业梦想已经酝酿了许久，他起初尝试过开淘宝网店。在创业实践的过程中，他意识到单打独斗是不行的，创业需要组建团队，发挥每个人的特长。于是，他找到了同专业的黄荧荧、李晓庆等人组建了合作团队。马伟伟有长远的眼光，业务洽谈能力强，且在学生组织中锻炼许久；黄荧荧执行力强，做事注重细节，且有学生组织媒体运营部的工作经验；李晓庆思维活跃、思路想法多，且有学生组织人力资源部门的工作经验。他们互相学习交流，发挥自己的优势，开始了创业之路。舟山海岛风光独好，是一个旅游胜地。作为本土大学生，他们依托舟山当地的旅游资源优势，结合旅游市场需求，合作创建了一家旅游文化公司。

通过宣传推广和老师介绍，他们迎来了第一笔业务——做一份旅游开发调查报告。他们按照计划，来到六横岛的一片海滩开展调查，经过简单的测量作图后，他们展开讨论和构思调查报告。万事开头难，由于他们团队缺乏经验，之前也没有做过类似的调查报告，所以有些无从下手。但经过认真的梳理，并得到指导老师的帮助后，他们终于慢慢描绘了报告撰写的作战图。大家分工协助，通力合作。李晓庆说："多人展开激烈讨论对撰写报告是非常有必要的，既可以站在游客的角度，也可以站在开发商的角度，在不同视角下讨论问题，能够碰撞出火花，这样能考虑得更全，打磨得更好些。"经过无数个深夜的苦干，他们以灯光为伴，与月亮相约，键盘的敲击声和鼠标的点击声奏出一曲奋斗的乐章。在广泛借鉴、学习大峨山岛、册子岛等当地其他海岛旅游项目的策划经验后，他们串联设计旅游特色主题，对整片区域进行合理分区规划，终于做出了一份成熟的样稿，团队策划出以"青草"文化元素为主题的休闲项目及沙滩休闲度假项目被当地文化和广电旅游体育局点赞，并推荐参加全省大学生助力旅游业"微改造、精提升"创意策划大赛。后来，团队也陆陆续续参与当地海岛旅游与海上运动产业发展规划（2021—2035）等一些编制工作。一路走来，马伟伟团队收获了经验、增长了知识。除了做好旅游开发规划等一些报告之外，他们还接洽一些宣传片、微课视频等的制作。由于他们团队的成员在校园媒体运营部的实践中积累了丰富的工作经验，因此对视频策划、脚本制作、素材拍摄、后期剪辑等工作驾轻就熟。

创业是个艰苦的过程

通过创业团队的不懈努力，他们创办的旅游文化公司逐步发展壮大，与学校、当地文化和广电旅游体育局和市场监督管理局等多家单位建立了广泛合作关系，还加入了浙江省旅游协会冰雪文旅分会、舟山民宿协会等组织，但他们显然不满足于此。紧接着，他们又策划成立了第二家公司——浙江舟山澜海教育科技有限责任公司，创业团队的规模也不断扩大，发展到12人，都是来自学校各个不同专业的学生。创始人马伟伟说："公司业务不断扩大，我们团队需要更多的优秀人才加入。"他们经过商讨，制定了一套标准的管理制度，人岗匹配。黄荧荧说："很多新加入的小伙伴会感到迷茫，不知道我们是做哪块内容的。对于此，我们经常会和新伙伴一起面对面交流，通过简单的业务培训，让他们逐渐融入集体中，发挥各自专业的特长，在工作中创造自己的价值。"例如，旅游专业的马欣参与了景区复核工作，中文专业的陆思佳创作了视频脚本，海洋科学专业的冉东在开发设计小程序等。团队里的每个成员都像齿轮一样有秩序、有分工地转动，推动公司的平稳发展。马伟伟认为一个团队要有较强的凝聚力，必须加强团队的管理以及纪律性，成员们要服从公司的统一安排，在碰到复杂问题时还要做协调，要让每位成员在工作的过程中感到团队的温暖和友爱。同时，他认为创业团队要建立积极向上的企业文化，认真而又端正的工作态度，每个人都要人尽其用，不需要高高在上的领导者。所以，每次接到业务时，马伟伟都会亲力而为，与团队成员一道商议，合理分配任务，赏罚分明，鼓励多做贡献。在共同奋斗的日子里，他们创业团队还组织了团建活动,增加团队凝聚力,因为他们始终相信创业团队每个成员都是必不可少的,在创业的过程中需要相互扶持、相互鼓励,这样才能度过低谷,把路越走越宽。

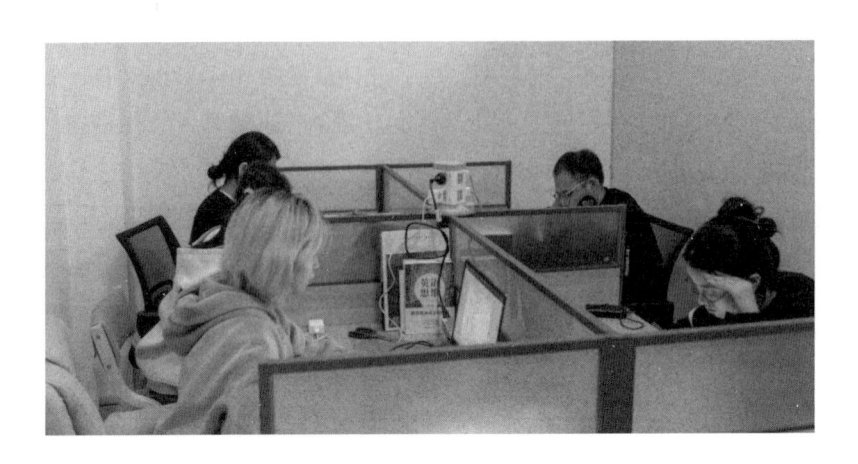

创业探索路上花开万里

在创业的道路上,他们持续奋斗,又着手创建了第三家公司——浙江澜海国际会展服务有限责任公司。他们积极拓展服装租赁业务,为各类大型活动提供服装、物资采购等,还与舟山的酒店、宾馆等开展合作,承接会议、活动等会务工作。他们团队在创业路上永不停歇,不断拓展新的业务,团队成员在实践中提高了自己的创新创业能力。马伟伟说:"我们是一支创业团队,以团队为主体和依托,我们有勇气去探索更多新业务。我们每个人都希望能够好好利用自己短暂的青春时光,为社会创造出更大的价值。"

❝ **评述:**

马伟伟个头不高,大学就读于经济管理类专业,学习成绩优异。笔者与他接触过几次,总体感觉他是一个非常热心的人,工作有激情,办事效率高,有摄影摄像特长。在学校的多个活动场合均能见到他的身影,在他周边有不少的"小跟班",身边同学评价他是一个"社会活动家"。

记得有一首歌，歌词里这样写道：不过是上山的人，怎么嘲笑下山的神？这个世界最不缺的就是天分。不过是水过无声，不过是雁过无痕，我要走的路其实不必多问。曾经我孤陋寡闻，曾经我太过天真，现在都成为我前进的资本。虽然马伟伟他们创业团队的项目不是那么的高大上，技术含量也不是太高，也很容易被他人所模仿，但我们又怎能轻视他们呢？哪个初创企业不是一步一个脚印，从低端走向高端？只要有一个机会，他们必定能抓住机遇，迎难而上，创造新的业绩。《哈佛商业评论》中有一篇文章，给出了优秀CEO的4个关键指标：传递值得信赖的信号；迅速且坚定地做出决策；能吸引多方面的支持；做好中长期规划并主动适应状况，面对错误。这正是马伟伟所具备的气质，他有一种天生的能力，能把周围同样有创业热情的人聚集在一起，怀着共同的目标一起努力向前冲。

在创业初期，创业团队的首要目标就是能够活下去，而且要有一群才能互补、责任共担、愿为共同的创业目标奋斗的伙伴。创业团队中成员的较高素质能改善初创企业的生存状况，对初创企业影响最大的并不是团队本身的大小，而是团队成员的经历。因此，工作经验尤为重要。马伟伟他们团队的成员工作勤奋、目标坚定，学习刻苦，完成了一项又一项的工作任务，而且很多工作都是他们初次接触的，没有任何经验，但他们虚心请教，加上有专业教师的耐心指导，积累了大量的实践经验，这些都是他们的富贵财富，也是他们一步步走向成功之路的法宝。

在大学阶段，只要有过创业经历的学生，就会具有与其他同学与众不同的能力与素养，这些学生思路开阔、认知较深，执行力强，办事效率极高。我相信马伟伟他们创业团队在未来的创业道路上必定能披荆斩棘、越走越顺。

创业故事 29

识一片海，想我所想，创我所创

屠泽豪就读于历史学专业，创办了舟山市识海文化创意有限公司。他还担任学校多个校级学生组织负责人，获得多个奖项，取得多个荣誉证书，是一名品学兼优的在校大学生。

懵懂中与文创相拥

和大多数人一样，屠泽豪刚步入校园的时候并没有想去创业，也感觉创业对一名在读大学生而言，实在有些遥不可及。非常幸运的是，他加入了学校一个学生组织的文化创意中心，认识了陈老师、潘传民学长，得到了一些机遇，并在学校创新创业学院的帮助下，走上了创业之路，并成功创办了舟山市识海文化创意有限公司。

起初，屠泽豪在文化创意中心从事的是一些普通工作，加上文化创意中心不够成熟，管理上也存在问题，因此没有任何校园文创产品。他对此感到困惑，看到其他学校有很多好看的文创产品后，他暗下决心要尝试一下。之后，在陈老师和潘传民学长的帮助下，屠泽豪在参与各类活动中对学校有了更深刻的认识，在社会实践过程中也了解了更多的舟山非遗文化，渐渐有了创业的想法，因此，他决定在文创产品上做一些尝试。

屠泽豪第一次做产品设计，还是在浙江省大学生海洋文化创意设计大赛上。他发现舟山当地的海岛文化非常有特色。在比赛中，他以蚂蚁岛"艰苦创业、敢啃骨头、勇争一流"的精神为内核，为蚂蚁岛的虾皮产业设计了精美的包装，并为三八海塘设计了一批文创产品，取得了非常优秀的成绩。同时，他在参加学校樱花节时发现，许多学生对具有学校元素和舟山特色的产品非常感兴趣的，从此，他走了海洋文化特色产品的研发之路。

2022年的暑期社会实践对屠泽豪的创业之路帮助非常大，屠泽豪组建了学校海洋非遗形象化传播实践调研团，以焕新传统非遗文化的现代化传播为使命，奔赴各座具有深厚海洋文化底蕴的海岛。整整2个月，他们团队通过对渔民号子、船拳、船模艺术、海洋鱼类传统加工技艺、普陀山佛茶茶道等十余项海洋非遗项目进行了深入地调研与挖掘，扎实做好其非遗内涵的形象化展示、衍生品的形象化设计和非遗故事的视频化呈现，为当地非遗项目构建系统化的传播体系，用新青年、新思想、新创意为非遗文化的发展注入活力和生机，使传统与现代连接，让非遗文化焕发独特魅力。屠泽豪和伙伴们设计了一套非遗明信片，还为当地的晚稻、杨梅设计了外包装，手工编织了一些渔绳结、鱼尾产品，取得了非常好的效果。

通过不断地参加比赛、活动与实践，屠泽豪他们团队得到很多锻炼机会。屠泽豪坦言，每一次的最终结果不一定会达到他自己的预想，他也在过程中犯了太多的错误，但庆幸的是，他在"毛毛躁躁"后还是能有所反思，把每一次失败当成进步的要素。他表示："希望每一个创业者要更注重比赛、活动、实践等之类的过程，不要太在意结果，因为在这些地方是可以失败的，但在生产经营中一定不能有失误!"经过多次尝试之后,屠泽豪决定正式成立公司,开创独特的海洋文化产品之路。

在机遇中挑战自我

公司成立的过程比较繁杂,入驻学校的众创空间、工商注册、税务注册、银行开户、拟定合同、开设线上商城等,屠泽豪都亲力亲为,努力做得更好。

目前,屠泽豪的公司的主要业务为文创产品的设计、制作与销售,摄影与摄像服务,服装租赁与妆造服务。同时,公司立足于海洋文化的继承与创新性发展,着眼于舟山当地海洋文化亟需传承与创新的现状,以舟山当地海洋文化为主要范本,深入挖掘海洋文化中的可传承元素和内涵,由此来设计、创作一系列新颖、潮流、多样化的文创产品,体现新时代青年主动学习、传承海洋文化的精神面貌。另外,公司以短视频、直播、微信公众号推文、微博转发等形式,利用互联网平台进行线上宣传、引流,以公益项目、现场宣讲等形式开展线下互动、传播等,焕新、赋能沉淀已久的舟山海洋文化,走向更为广阔的文化市场。

《诗经·小雅·鹤鸣》："他山之石，可以攻玉。"学校所在地有较好的海洋文化、海岛特色等元素，但在文创发展和突破方面取得的成就依然有限。屠泽豪他们团队不断学习取经，与省内外其他文创工作室进行交流学习，不断提高产品研发水准。屠泽豪说："特别喜欢英国作家萨克雷的一句话：陈旧的眼光感受不了任何新景象。也如我们学校校训所示的'海纳百川'，我相信保留自身特色，汲取他人之长，拥有容纳与欣赏万物，特别是新事物的眼界，公司就会有更为出彩的产品。风物长宜放眼量。"

屠泽豪说："世上无难事，只要肯登攀。坚持对任何一个创业者都很重要，能坚持到最后的也往往是胜利者，但要做到这点需要足够的勇气和强大的实力。"当然，在创业的过程中，他表示自己多次想过放弃，"缺资金、缺时间、缺精力、缺人手、缺场地、缺经验，都是些很现实的问题，困顿实在无法避免。"但他觉得，做事还是要一步步来，要敢跨步子，但也不能跨太大。特别是创业的初始资金，主要来自他个人的奖学金。他也戏谑地表示："勉强够'挥霍'一下，支出的资金得到了一些补充。"他的目标很明确，不只是拿着钱去做产品和提供服务，更要在产品的推销过程中加强宣传、扩展人脉、寻求合作等，提高效率，节约时间成本。"如果只是想着拿着本金做点小买卖，那我那点奖金也只是杯水车薪，但当接触的渠道增多以后，公司的订单在数量和金额上便都有了逐渐增长的趋势，真正有了点小微企业的感觉。当然，要做的依旧有很多，'小打小闹'不是我们团队最终的追求。"屠泽豪说道。目前，屠泽豪他们公司已初具规模。

准备中更上一楼

"识一片海，想我所想，创我所创。"屠泽豪为公司取名为"识海"，是认识海、认识海大、认识舟山的意思，海是青春的印痕。同样的，他认为创业是一个新认识的过程，需要不断地学习与积累。他坚信列宁说过的一句话：聪明在于学习，天才在于积累。他觉得公司的未来在于学习和积累，并要将所掌握的条件高效地利用起来。

展望未来，屠泽豪还有三点想法。

首先，他认为要立足根本，把文创事业进行"质"地升级。文创设计一定要有足够的创意，同时兼具实用性，要走在创作与设计的一线。屠泽豪说道："我们的创作也要结合各专业特色，我是历史学专业的学生，我就希望打造一款具有舟山特色的考古盲盒。作为创业者，除了盈利之外，我更希望为学校的文化事业添砖加瓦。"

其次，要加强宣传与合作。屠泽豪说道："人是需要帮助的：荷花虽好，也要绿叶扶持；一个篱笆打三个桩，一个好汉要有三个帮。我们公司要做好内部团队的建设，是为'民齐者强'。同时要和当地的文创组织进行合作探索。做一些定制化的作品，更要利用新媒体平台，进行宣传推广。"

最后，屠泽豪希望设定合理的远景目标，可能无法一蹴而就，但也不能纸上谈兵。这需要他们团队所有人一起努力，敢为人先，一步一个脚印向前走。

星光不问赶路人，时光不负有心人。"想我所想，创我所创，有梦就努力尝试一下。创业是一种机遇，是一种挑战，也希望可以得到更多的支持。"屠泽豪说道。屠泽豪热爱着他的文创事业，一定会带领他的团队只争朝夕、不负韶华！

评述：

屠泽豪是一位非常帅气的男孩子，就读于历史学专业，专业的熏陶，让屠泽豪变得更有历史的厚重感。他还担任学校多个学生组织的负责人，社会工作经验丰富，有创新精神和创业意识，正是有这样的积淀才让他走上了创业之路。对大学生创业团队而言，社会和消费者产生的需求就是产品和服务。由于大学生创业团队起步慢，需要在红海的天地里打造属于自己独特或差异化的产品，最大化满足社会和消费者的需求，形成"差异化"的竞争力，这样才能在残酷的市场竞争中立于不败之地。

这几年来，由于新冠疫情影响，外加社会经济下行压力加大，对高校毕业生带来较大的就业压力，其就业的方式也呈现多样化的趋势。有专家分析，目前"文艺青年"创业有三件宝：开花店、咖啡店和奶茶店，而"没背景青年"创业也有三件宝：嘀嘀、外卖、自媒体。屠泽豪同学选择的是文化创意产品，利用舟山当地丰富的海洋文化资源优势，以及深厚的海洋非物质文化遗产，将海洋文化故事融入文化产品中。

文创产品就是文化创意产品，是指依靠创意人的智慧、技能和天赋，借助现代科技手段对文化资源、文化用品进行创造与提升，通过知识产权的开发和运用而产出的高附加值产品。将文化寄托于一些产品上，通过赋予其价值，使之产品化，让大众感到文化的存在，从而衍生出更多的产品，达到传播文化的目的。当然，文创产品源于文化主题，加入设计师的创意，附加上超出用户期待的价值，让其心甘情愿地接受溢价的商品。消费者对于文创产品的选择余地非常大，毕竟不是必需品，可有可无。所以，从本质上讲，做好文创产品，还是要讲好故事。那么，怎么抓住其中的精髓呢？要利用好舟山当地的资源，将海洋特色与文化产品强绑定，把产品作为一个转译，把文创产品变成文化符号的"译文"，以此满足消费者的审美需求、互动需求（社交互动）和文化消费需求。

屠泽豪他们创业团队将目光投向舟山当地的渔农村，寻找并发现地区特有的民间工艺品，以文创的思维将其开发成符合现代传播性的网红产品，这样的文创产品无论是作为珍藏品还是实用品，都会具有实际的意义，也才会有更广阔的市场前景。当然，他们创业团队在实践的过程中也遇到了不少困难与问题，但他们始终不放弃，坚持到底，通过不断地学习交流，深入海岛一线，调研获取海岛文化的一手资料，这些都是他们的宝贵财富。"吃得苦中苦，方为人上人"，正如屠泽豪所说："不管结果如何，至少我的人生是精彩的。"

创业故事 30

从"辛德瑞拉"到"小春日和"

几乎每个女生都曾梦想着开一家小店,如咖啡店、蛋糕店、花店、书店等,但很少人有说干就干的勇气。平常人口口声声说的"那不可能"的事情,可能早已有人已经出色地完成。

从"辛德瑞拉"到"小春日和",从一家因兴趣爱好成立的小店,到现在被很多人熟知的甜品店,朱檬檬她们三位女生的创业步伐走得很慢,但格外沉稳。

"辛德瑞拉"的故事

1996年出生的朱檬檬就读于水产养殖专业,1997年出生的雷华林和她的好友楼雪苑都就读于财务管理专业。虽然三人所学的专业风马牛不相及,但却因共同的兴趣爱好走到了一起。大学二年级时,楼雪苑和雷华林因在学校二级学院学生会担任外联部干部,需要为学生活动做外联活动,因此,在课余时间接触了各种各样的商家,她们一起撰写策划书,创建商业合作计划。随着时间流逝和工作经验的积淀,两个人就萌生了创业的想法。那时刚好私家烘焙风靡舟山,加上对甜品的兴趣,学姐朱檬檬主动找上了两人,三人一拍即合,决定开一家卖甜品的小店,取名为"辛德瑞拉"。

一起研究讨论产品、打样、拍照修图、制定配送路线和接单明细,这是她们三位小女生放弃个人休息时间,抛开所有娱乐活动,经常聚在一起,日夜奋战讨论的事情。从乌托邦的想象,到自己手心向下,每天奔波于学校教学楼、宿舍、和店铺之间,过着"三点一线"的生活,她们过得格外充实,创业让她们充满激情。周围同学们对她们的产品非常肯定,纷纷选购她们精心制作的烘焙蛋糕以及各式各样的小甜品。

"小春日和"的故事

转眼间，大学毕业在即，看着小伙伴们一个个都在面临就业问题，考虑何去何从，她们三位小姑娘却毫不犹豫地将这份创业热情延续下去。面对日益增长的客户需求，现有的"辛德瑞拉"店铺已满足不了日常需求，面临着转型的压力。为了扩大生产规模，给客户带来更好的消费体验，她们三人经过周密地讨论后，决定将店铺进行转型升级，停止"辛德瑞拉"的营业。恍然间，从兴趣到谋生，一切好像一样，又好像不一样。

因缺少资金投入，也没有成熟的样本拷贝，使筹备新店的困难变得更加突出。目标客户群体的口味转变，款式产品的迭代变化，以及新场地的设备和人员需要安排等各类问题接踵而至，但这一切并没有难住她们。

为了缩减资金成本投入，她们每日每夜穿梭于城区的大街小巷中，寻找合适的场地，既要实惠又要便捷。她们又数次去二手市场淘一些性价比高的机器设备。为节省成本，她们还自己设计店面的功能布局并亲自动手布置。经过一段时间的辛苦努力，一家崭新的店铺"小春日和"，在一个小区的办公楼里顺利开业了。

由于她们非专业出身，于是又遇到了产品如何推陈出新的问题。

逐渐"走出去"

市场上的甜品种类非常多，让顾客眼花缭乱，如何抓住客户的个人喜好，做出当地民众喜爱的甜品，这需要持续的创新。她们一致决定出去走走，去看看更大的市场，学习更专业的技术。她们辗转于上海、杭州、宁波等城市，每天尝试各式各样的甜品。学习回来后再结合客户的消费需求，不断地对甜品进行创新，更换样式，推陈出新。

她们团队对甜品店的工作投入可谓刻苦勤奋。为了能制作精美又新鲜可口的甜品，尽量提早出货的时间，她们几乎每天早晨6点起床，亲自采购新鲜食材，从裱花师到烘焙师，再到客服和保洁，以及送货员等，一切都是亲力亲为。为了节省成本，她们有时还要顶着风雨骑着小电驴去进货、送货，每天都是做不完的甜品，洗不完的烘焙工具，累到腰都直不起来。

当然，在做甜品的过程中，始终伴随着有质疑、差评，但她们觉得这是对自己的最大鞭策，她们及时回顾、思考、总结，直到最后的改变。日复一日，人生在勤，不索何获，"小春日和"品牌渐渐进入大众的眼帘和心目中，出现在各大美食榜单的首页。

路越走越宽

随着品牌的不断沉淀、积累，客户群体也越来越大，对品牌品质的要求越来越高。于是，"小春日和"从小作坊转型为门店，直接面对客户，她们在江海广场开设了一家门店，让她们得到了意想不到的结果，产品人气更上了一层楼，很多客户纷纷到店铺里直接享用甜品，而且不再局限于味蕾享受，这里反而成了客户茶憩的场地，变成"网红"打卡地。回想这一步步走来，确实非常艰辛，她们不仅要做出美味的甜品，而且还要完成接单、拍照、营销、策划等工作，同时，随着业务增多，管理员工、经营门店的问题又摆在了她们面前。

诚然，新的路子很难，好多次她们想要放弃，但最后她们还是依靠信念支撑了下来，她们相信困难是暂时的。只要不断开拓新的路子，困难总会过去，而且会收到满满的成就感。她们在磕磕绊绊中慢慢成长，庆幸的是，一路上都有老粉丝的支持，是客户给了她们最大的勇气与力量，使她们的产品越来越成为消费者的最爱。

但她们显然不停止于此，路只会越走越宽，她们在江海广场的门店逐步稳定后，又把眼光瞄准了简餐和面包，梦想做一家融合女孩子心中所有美好的集合店。于是，她们三个原始合伙人一拍即合，在当地的如心小镇上承包了一家面积为300平方米的集合店，再一次投入新的领域。从甜品到简餐，这是一个跨领域的突破，她们正在努力攀登这座新的大山。

评述：

理想与现实的距离其实很近，中间的过程就是努力与付出。三位小姑娘显然不满足于现状，正如她们的品牌店名一样，从"辛德瑞拉"到"小春日和"，辛德瑞拉的英文是"Cinderella"，它是童话故事《灰姑娘》中灰姑娘的名字；而"小春日和"的日语为"こはるびより Koharubiyori"，意指像秋季到冬初的阴历11月中旬到12月上旬，短暂的平稳、无风而且晴朗的日子。其寓意非常深远，说明她们团队创业的顶层设计绝非心血来潮，而是满满的深思熟虑。

她们团队都是清一色的小姑娘，有理想、有激情，还有女生心中的情结，其中两位来自学校的财务管理专业，对当下的创业方向有自己的判断与认知，绝不是心血来潮，盲目地投入一个行业中。她们没有依靠父母亲的直接支持，也没有想象中的女生独有的"娇气"，而是依靠自己的努力，在创业道路上持续坚持、付出，丝毫没有被困难挡住，这一点特别让笔者叹服。她们从事的行业不是高科技行业，她们研发的产品也不是生活必需品，这都需要她们在这个行业中付出比平常人更多的时间与精力。

经过深入地观察，她们选择了私家烘焙。随着人们生活水平的提高，对食品的品质需求层级也越来越高，而烘焙行业已成为一片"红海"，竞争异常激烈，如何在这一个细分领域中开拓一片天地，需要深深地耕耘、深入地观察以及对产品的快速创新。年轻一代是烘焙消费的主力，这些消费者对口味、包装等的要求越来越高，要安全、要健康、要漂亮、要好吃、要有面子，攀比性非常强，选择余地大，很难将这些客户转变成自己的私域流量，这些都是烘焙行业者需要思考的内容，也就是说同样的产品中哪家竞争力强，哪家就有生存空间。因此，她们只有不断地变换样式，提高品质，跟上潮流，才能在市场中站住脚。有了产品之后，营销其实是最大的问题，怎么提升品牌的影响力？她们通过踏踏实实地打造创意产品，逐步走出单纯靠朋友圈营销的模式，主动拥抱互联网，线上线下齐运用，以"店售+外卖"的多渠道销售，最后发展到实体门店，实现一体式的服务，让客户得到了优质的享受，赢得了广大客户的赞许。

获得了初步的成效后，她们团队没有因此而停下脚步，开始跨界运营，尝试"烘焙+培训"的新颖模式，不断拓宽消费群体，增加甜品的高颜值特征，抓住消费者的购买心理，将常见的消费产品组合运营，提高与其他产品的适配性。同时结合服务销售模式，打通不同消费渠道，越来越吸引更多的消费人群。

方寸之间自有一番天地，相信她们团队能在烘焙领域越走越宽、越走越远。